मैंने स्वर्ग से आग देखी

जिहाद से जीसस तक - निष्ठा खतरे में

लिविंग एपिस्टल्स – 40 दिन की भक्ति सीरीज़ | बुक 3

द्वारा

पैगंबर ईसा एल- बुबा
; ज़कारियास गॉडसीगल ;
एम.ओ. ओगबे ; सी . लाडी ओगबे ;

Table of Contents

कॉपीराइट © पेज

मैंने स्वर्ग से आग देखी
जिहाद से जीसस तक - निष्ठा खतरे में
लिविंग एपिस्टल्स – 40 दिन की भक्ति सीरीज़ | बुक 3

लेखक
पैगंबर ईसा अल- बूबा
Zacharias Godseagle
Ambassador Monday O. Ogbe
Comfort Ladi ओगबे

प्रकाशक
ज़ाकारियास गॉडसीगल और गॉडसीगल मिनिस्ट्रीज़
द्वारा प्रकाशित: **ज़ाकारियास गॉडसीगल**
संपर्क करें - **https://www.otakada.org**

ambassador@otakada.org
टेली/एसएमएस +13024922440
व्हाट्सएप +2348032835348

अस्वीकरण

बूबा की डॉक्यूमेंटेड गवाही, मिनिस्ट्री जर्नी और स्पिरिचुअल अनुभवों को पेश करती है, जैसा कि इंटरव्यू, उपदेशों और मिनिस्ट्री रिकॉर्ड में सबके सामने शेयर किया गया है। हालांकि उनकी ज़िंदगी में ड्रामैटिक मुलाकातें, ज़ुल्म की कहानियां और सुपरनैचुरल दावे शामिल हैं, लेकिन यह किताब किसी इंसान को संत नहीं बनाती और न ही किसी इंसानी पर्सनैलिटी को सच का स्टैंडर्ड मानती है।
विश्वास और आचरण के लिए सिर्फ़ धर्मग्रंथ ही अंतिम अधिकार है। जहाँ भी कोई ज़िंदगी, मिनिस्ट्री का तरीका, या निजी फ़ैसला बाइबल के हिसाब से नहीं हो, तो इस पब्लिकेशन में ऐसे बदलावों को सपोर्ट या सही नहीं ठहराया गया है। हमारा मकसद गलती को बढ़ाना, किसी की पर्सनैलिटी का बचाव करना, या हीरो की पूजा को बढ़ावा देना नहीं है। यह काम पाठकों को मसीह की ओर इंगित करता है - किसी मनुष्य की ओर नहीं।
इस किताब का ज़ोर यीशु मसीह के प्रति वफ़ादारी, अनुशासन में पवित्रता, धर्मग्रंथों का पालन और ईमानदारी से धीरज रखकर बदलाव लाने पर है। परमेश्वर के किसी भी सेवक का जीवन तभी दिखाया गया है जब वह समर्पण, लगन, पछतावा, आध्यात्मिक अनुशासन और वादे के प्रति वफ़ादारी दिखाता है।
पाठकों को प्रोत्साहित किया जाता है कि:

• सभी बातों को पवित्र शास्त्र से परखें
• जो अच्छा है उसे पकड़े रहें • जो परमेश्वर के वचन के खिलाफ है उसे नकारें • सभी व्यक्तित्वों से ऊपर उठकर मसीह का अनुसरण करें
'आई सॉ फायर फ्रॉम हेवन' का लक्ष्य तारीफ़ करना नहीं, बल्कि बनाना है।
उत्साह नहीं, बल्कि समर्पण।
पर्सनैलिटी को ऊपर उठाना नहीं, बल्कि क्राइस्ट-सेंटर्ड बदलाव।
स्वर्ग उस व्यक्ति पर खुश होता है जो पश्चाताप करता है और ईमानदारी से चलता है।
वह आप हो सकते हैं।

पवित्रशास्त्र सूचना
जब तक कुछ और न बताया गया हो, धर्मग्रंथों के कोट आम तौर पर इस्तेमाल होने वाले इंग्लिश ट्रांसलेशन से लिए गए हैं। साफ़-साफ़ और भक्ति पर ध्यान देने के लिए कुछ जगहों पर ज़ोर दिया गया है।

मुद्रण जानकारी
संयुक्त राज्य अमेरिका में छपा
पहला संस्करण

किताब के बारे में – मैंने स्वर्ग से आग देखी

जिहाद से जीसस तक - निष्ठा खतरे में

लिविंग एपिस्टल्स – 40 दिन की भक्ति सीरीज़ | बुक 3

क्या होता है जब स्वर्ग से आग गिरती है - और केवल एक दिल पश्चाताप करता है?

यह लिविंग एपिस्टल्स में पुस्तक 3 है - *40 दिवसीय भक्ति श्रृंखला*, एक परिवर्तनकारी संग्रह जो भावना को प्रेरित करने के लिए नहीं,

बल्कि अनुशासित, वाचाबद्ध विश्वासियों को बनाने के लिए डिज़ाइन किया गया है।

सख्त इस्लामी माहौल में जन्मे और सम्मानित धार्मिक अधिकारियों से ट्रेनिंग लेने वाले, **पैगंबर ईसा अल- बूबा की** ज़िंदगी अनुशासन, पक्के यकीन और विरासत में मिली वफ़ादारी से बनी थी। उनके गुरु ने उन्हें बहुत कुछ सिखाया — जिसमें आध्यात्मिक अभ्यास और गहरी भक्ति शामिल थी।

फिर सब कुछ रुक गया।

उसने स्वर्ग से अपने गुरु पर आग गिरते देखी।

उसे नरक दिखाया गया। उसने स्वर्ग देखा — हमेशा वज़न वाला एक सुनहरा शहर। वह हत्या की कोशिशों से बच गया। गोलियां उसके शरीर में घुस गईं। मेटल उसकी खोपड़ी पर लगा। उसे मरा हुआ मान लिया गया — फिर भी बचा लिया गया। एक प्रेसिडेंट ने मेडिकल इवैक्युएशन का इंतज़ाम किया। डॉक्टरों ने कन्फर्म किया: कोई ज़्यादा नुकसान नहीं हुआ।

लेकिन सबसे बड़ी लड़ाई फिजिकल नहीं थी।

यह वफ़ादारी थी।

पाखंड से मोहभंग ने उसे लगभग पीछे खींच लिया था — जब तक कि एक निर्णायक मुठभेड़ ने सब कुछ बदल नहीं दिया:

"हम बहुत दूर चले गए हैं। अब वापस जाने में बहुत देर हो चुकी है।"

यह सिर्फ़ एक गवाही नहीं है।

यह एक बनने का सफ़र है।

40-Day Strategic Discipline Path के तौर पर बनी यह किताब पढ़ने वालों को इन तरीकों से ले जाती है:

- अनन्य निष्ठा तय करना
- आध्यात्मिक संरचना का पुनर्निर्माण

- पाखंड का सामना
- उत्पीड़न सहना
- पवित्रता की रक्षा करना
- विभाजित वातावरण में रणनीतिक रूप से रहना
- सीलिंग वाचा
- ईश्वरीय कार्य को स्वीकार करना

पार्ट I में आग, ज़ुल्म, बचाव और कमीशन की कहानी बताई गई है। पार्ट II आपको 40 दिन के डिसिप्लिन वाले ट्रांसफॉर्मेशन प्रोसेस से गाइड करता है ताकि आप सिर्फ़ कहानी न पढ़ें — आप बदलाव को जीएं।

यह किताब इस्लाम का मज़ाक नहीं उड़ाती।
यह हिंसा को बड़ा नहीं करती। यह अनुभव को सनसनीखेज नहीं बनाती।
यह विश्वासियों को गंभीर, व्यवस्थित ईसाई धर्म अपनाने के लिए बुलाता है।
स्वर्ग भीड़ को नहीं मापता।
स्वर्ग एक पर खुश होता है।
वही बनो।
केवल आगे.

यह पुस्तक किसके लिए है?

यह किताब इनके लिए लिखी गई है:

ईसाई धर्म को मानने वाले लोग जो गहरे अनुशासन, सच्चे विश्वास और ऐसा जीवन चाहते हैं जो दिखावे से कहीं ज़्यादा पवित्र शास्त्र को दिखाता हो।

मुस्लिम बैकग्राउंड वाले रीडर्स जो स्पिरिचुअल मुलाकातों, यकीन और वफ़ादारी की सच्ची खोज चाहते हैं।
अलग-अलग धर्मों के दर्शक जो यकीन, बदलाव और धार्मिक बदलाव की सच्ची कहानियों में दिलचस्पी रखते हैं।
आध्यात्मिक विकास चाहने वाले जो व्यवस्थित विकास, रोज़ाना अनुशासन और प्रैक्टिकल आज्ञाकारिता चाहते हैं।
वे लोग जो मतलब की तलाश में हैं — जो विरासत में मिले विश्वास, अंदरूनी झगड़े, या बिना जवाब वाले आध्यात्मिक सवालों का बोझ महसूस करते हैं।

अगर आपने कभी वफ़ादारी, पहचान, यकीन या मकसद को लेकर संघर्ष किया है, तो यह किताब सीधे आपसे बात करती है।
यह सिर्फ़ एक कन्वर्ज़न की कहानी नहीं है।
यह वफ़ादारी की यात्रा है।
और यह एक सवाल पूछता है:
आप किसके हैं?

लिविंग एपिस्टल्स – 40 दिन की भक्ति सीरीज़
लिविंग *एपिस्टल्स* सीरीज़ सिर्फ़ प्रेरणा के लिए नहीं लिखी गई है।
यह फॉर्मेशन के लिए लिखा गया है।
हर पीढ़ी में ऐसे विश्वासी होते हैं जो भगवान से सच्चे दिल से प्यार करते हैं — लेकिन उनमें स्ट्रक्चर की कमी होती है। डिसिप्लिन के बिना पैशन फीका पड़ जाता है। बिना सब्र के एक्सपीरियंस खत्म हो जाता है। बिना वादे के वफ़ादारी खत्म हो जाती है।
यह सीरीज़ उस कमज़ोरी का सामना करने के लिए बनाई गई है।
लिविंग एपिस्टल्स कलेक्शन की हर किताब दो हिस्सों वाली बनावट को फ़ॉलो करती है:

भाग I – परखी हुई निष्ठा की सच्ची कहानी
एक वास्तविक जीवन का वृत्तांत जहाँ विश्वास को चुनौती दी जाती है, उसका सामना किया जाता है, शुद्ध किया जाता है, और दबाव में सिद्ध किया जाता है।

पार्ट II – 40-दिन की स्ट्रेटेजिक फॉर्मेशन जर्नी,
स्ट्रक्चर्ड भक्ति, सोच-विचार, पछतावा, प्रार्थना, अनुशासन और एक्टिवेशन का एक गाइडेड रास्ता — जिसे तारीफ़ नहीं, बल्कि बदलाव लाने के लिए डिज़ाइन किया गया है।
यह कोई आम ईसाई धर्म नहीं है।
यह स्ट्रक्चर्ड वफ़ादारी है।

हर वॉल्यूम आध्यात्मिक विकास के एक अलग पहलू पर बात करता है:

- स्थापित पहचान
- आग के नीचे धीरज
- सुरक्षा के रूप में पवित्रता
- रणनीतिक प्रभाव
- वाचा प्रतिबद्धता
- कमीशन और विरासत

इसका उद्देश्य सरल है:

<u>ऐसे विश्वासी तैयार करना जो सिर्फ़ सुनने वाले न हों, बल्कि जीवित पत्र हों।</u>

शालोम!

ज़ाकारियास गॉडसीगल ; एम.ओ. ओगबे ; सी . लाडी ओगबे

गॉड्स ईगल मिनिस्ट्रीज़
https://www.otakada.org
ambassador@otakada.org

पेपरबैक बैक-कवर ब्लर्ब

उसने स्वर्ग से आग गिरते देखा...

सख्त इस्लामी माहौल में जन्मे और सम्मानित धार्मिक अधिकारियों से ट्रेनिंग पाने वाले **पैगंबर ईसा अल- बूबा की** ज़िंदगी अनुशासन, पक्के यकीन और विरासत में मिली वफ़ादारी से बनी थी। उनके गुरु ने उन्हें गहराई से सिखाया — जिसमें आध्यात्मिक अभ्यास और गहरी भक्ति शामिल थी।

फिर सब कुछ रुक गया।

उसने स्वर्ग से अपने गुरु पर आग बरसते देखा।

उसे नरक दिखाया गया।

उसने स्वर्ग के सुनहरे शहर की झलक देखी। वह हत्या की कोशिशों से बच गया। गोलियां उसके शरीर में घुस गईं। उसे मरा हुआ मान लिया गया था — फिर भी उसे बचा लिया गया। एक प्रेसिडेंट ने मेडिकल इवैक्युएशन का इंतज़ाम किया। डॉक्टरों ने कन्फर्म किया: कोई ज़्यादा नुकसान नहीं हुआ।

लेकिन सबसे बड़ी लड़ाई फिजिकल नहीं थी।

यह वफ़ादारी थी।

मैंने स्वर्ग से आग देखी, लिविंग एपिस्टल्स की पुस्तक 3 - 40 **दिवसीय भक्ति श्रृंखला** में , ईसा एल- बूबा की आतंकवादी इस्लामी गठन से वाचागत ईसाई धर्म तक की यात्रा एक गवाही से कहीं अधिक हो जाती है - यह एक टकराव बन जाती है।

पार्ट I में आग, ज़ुल्म और बचाव की असली कहानी बताई गई है।

पार्ट II आपको 40 दिन की एक स्ट्रक्चर्ड फॉर्मेशन जर्नी पर ले जाता है, जिसे डिसिप्लिन्ड, पवित्र, टिकाऊ विश्वास बनाने के लिए डिज़ाइन किया गया है।

स्वर्ग एक पर खुश होता है।
वही बनो।
केवल आगे.

समर्पण

ईसाई पाठकों के लिए
मुस्लिम पृष्ठभूमि के पाठकों के लिए
अंतरधार्मिक दर्शकों के लिए
आध्यात्मिक विकास के पाठकों के लिए
अर्थ की खोज में खोए हुए लोगों के लिए
उन लोगों के लिए जो कीमत चुकाने पर भी वफ़ादारी चुनते हैं।
उन माताओं के लिए जो दबाव में चुपचाप प्रार्थना करती हैं।
उन विश्वासियों के लिए जो बिना तालियों के टिके रहते हैं।
जब स्वर्ग हिलता है तो जो अकेला खड़ा रहता है।
आपका वादा अटूट रहे।

आभार

यह काम लोगों की गवाही, डॉक्यूमेंटेड इंटरव्यू, पब्लिक प्रवचनों और अनुशासित धार्मिक सोच पर आधारित है। यह पैगंबर ईसा अल- बूबा के बताए गए सीधे अनुभवों से लिया गया है, खासकर **PrayerStormTV** द्वारा किए गए और जारी किए गए रिकॉर्डेड इंटरव्यू से , जो यहां उपलब्ध है:

https://youtu.be/2oo8tvizyZA

प्रेयर स्टॉर्म पूजा, प्रार्थना और उपवास का एक आंदोलन है जो प्रार्थना करने वाले योद्धाओं की एक सेना बनाकर आध्यात्मिक जागृति लाने के लिए है। दिव्य मुलाकातों पर केंद्रित सभाओं के ज़रिए, प्रेयर स्टॉर्म विश्वासियों को जोश, अनुशासन और रणनीतिक मध्यस्थता में बढ़ने के लिए तैयार करता है।

वेबसाइट: http://www.prayerstorm.org
ट्विटर: @PrayerStormUK इंस्टाग्राम: @PrayerStorm फेसबुक: http://www.facebook.com/prayerstorm

हम PrayerStormTV को धन्यवाद देते हैं कि उन्होंने गवाही को इस रूप में बचाकर रखा और ब्रॉडकास्ट किया जो दुनिया भर में हज़ारों लोगों तक पहुँची है, और इस किताब में मिली कई कहानी के लिए एक डॉक्यूमेंटेड रेफरेंस पॉइंट दिया है।

दूसरे ऑनलाइन और मिनिस्ट्री सोर्स का भी शुक्रिया, जहाँ गवाही के कुछ हिस्सों को रिकॉर्ड किया गया, फिर से बनाया गया, और जानकारी के लिए पब्लिक में शेयर किया गया।

हम मानते हैं:

• परिवार के सदस्य जिनकी ज़िंदगी में अलग-अलग धर्मों के बीच तनाव और दया दोनों दिखते हैं।

• एक माँ जिसकी प्रार्थना वाली ज़िंदगी ने टकराव शुरू होने से पहले ही माहौल बदल दिया।

• एक बड़ा भाई जिसकी धमकी से घर की आध्यात्मिक दिशा बदल गई।

• एक पिता जिसका अंदरूनी संघर्ष परंपरा के अंदर विश्वास की खामोश लड़ाई को दिखाता है। • वफ़ादार नेता और साथी जो ज़ुल्म और बचाव के दौरान मज़बूती से खड़े रहे। • इवेंजेलिकल बाइबिल आउटरीच मिनिस्ट्रीज़ इंटरनेशनल (EBOMI) कम्युनिटी, जिसका वॉचमैन बनाने का आह्वान शहरों और देशों पर असर डालता रहता है।
– https://www.ebomi.org

यह काम किसी पर्सनैलिटी को बड़ा दिखाने की कोशिश नहीं करता, बल्कि वफ़ादारी की यात्रा को डॉक्यूमेंट करता है। यहाँ शामिल हर गवाही पढ़ने वालों को इंसान की तरफ़ नहीं, बल्कि मसीह की तरफ़ ले जाने के लिए पेश की गई है।

और आखिर में, उन रीडर्स का शुक्रिया अदा किया जाता है जो तारीफ़ से आगे बढ़कर कुछ नया करने को तैयार हैं; जिज्ञासा से आगे बढ़कर समर्पण करने को तैयार हैं; प्रेरणा से आगे बढ़कर अनुशासन में आज्ञा मानने को तैयार हैं।
स्वर्ग उस व्यक्ति पर खुश होता है जो जवाब देता है।
वह आप हो सकते हैं।

प्रकाशक का आभार

यह खंड **लिविंग एपिस्टल्स - 40 दिवसीय भक्ति श्रृंखला के भाग के रूप में प्रकाशित किया गया है** , जो एक शिष्यता पहल है जो ऐसे विश्वासियों को बनाने के लिए समर्पित है जिनका विश्वास न केवल कबूल किया जाता है, बल्कि मूर्त रूप भी लिया जाता है।

यह सीरीज़ ***सेंट ऑगस्टीन ऑफ़ हिप्पो** (354–430 AD)**: फ्रॉम अ रेस्टलेस हार्ट टू अ रिटन लाइफ़ से शुरू हुई***, जिसमें ऑगस्टीन के अंदर की उथल-पुथल से लेकर पूरी तरह से आज्ञा मानने तक के सफ़र को दिखाया गया है। उस पहले वॉल्यूम ने इस काम का मुख्य विश्वास पक्का किया: कि भगवान समर्पित जीवन के ज़रिए अपनी सच्चाई लिखना जारी रखते हैं, और वफ़ादार पुरुषों और महिलाओं की गवाही आज भी चर्च के लिए जीती-जागती सीख है।

लिविंग एपिस्टल्स सीरीज़ का पहला वॉल्यूम यहाँ उपलब्ध है: https://www.amazon.com/ST-AUGUSTINE-HIPPO-354-430-Devotional-ebook/dp/B0GJN8N9XS

Mere Christianity, Fully Lived इस सोच को आगे बढ़ाते हुए CS लुईस की ज़िंदगी और सोच को दिखाता है , जिनका बिना मन के बदलाव और अनुशासित विश्वास आज के ज़माने के लोगों के लिए बहुत असरदार है। जहाँ ऑगस्टीन ने बेचैन दिल को दिखाया, वहीं लुईस ने विरोध करने वाली इच्छा का सामना किया—विश्वास से परे विश्वास करने वालों को रोज़ाना बात मानने के लिए बुलाया।
सी.एस. लुईस (1898-1963) - सिर्फ़ ईसाई धर्म, पूरी तरह से जिया गया: एक झिझकते मन से एक बदली हुई ज़िंदगी तक (लिविंग एपिस्टल्स - 40 दिन की भक्ति सीरीज़ | बुक बुक 2)

ई-पुस्तक

https://www.amazon.com/Lewis-1898-1963-Mere-Christianity-Fully-ebook/dp/B0GKQ27F9N

किताबचा
https://www.amazon.com/Lewis-1898-1963-Mere-Christianity-Fully/dp/B0GM8YMXC3

हार्डकवर

https://www.amazon.com/Lewis-1898-1963-Mere-Christianity-Fully/dp/B0GM8WHXJL

गॉडसीगल मिनिस्ट्रीज़ लिविंग एपिस्टल्स सीरीज़ को एक साफ़ काम के साथ पब्लिश करती है: धर्मग्रंथों पर आधारित रिसोर्स को संभालना जो देशों को सिखाते हैं, चर्च को मज़बूत करते हैं, और मानने वालों को मसीह के राजदूत के तौर पर साफ़ तौर पर जीने के काबिल बनाते हैं। हमारा मानना है कि विश्वास सिर्फ़ विचारों से नहीं, बल्कि सच्चाई से बनी ज़िंदगी, बात मानने से परखी हुई ज़िंदगी और परमेश्वर की आत्मा से मज़बूती पाने से बना रहता है।

इस सीरीज़ का हर वॉल्यूम प्रार्थना के साथ पेश किया गया है, इस उम्मीद के साथ कि पढ़ने वाले सिर्फ़ बीते हुए कल से नहीं सीखेंगे, बल्कि आज में भी जवाब देंगे—जिससे परमेश्वर अपने मकसद के लिए समर्पित आम ज़िंदगी के ज़रिए अपनी जीती-जागती चिट्ठियाँ लिखना जारी रख सके।

हम हर उस रीडर के शुक्रगुजार हैं जो इस सफ़र में शामिल होता है, और भरोसा करता है कि वही भगवान जिसने ऑगस्टीन और लुईस को बदला, आज भी काम कर रहा है।

पाठक और दर्शक प्रतिक्रियाएँ

"यह सिर्फ़ एक गवाही नहीं है — यह चर्च के लिए एक वेक-अप कॉल है। यह लोगों पर हमला किए बिना उनकी कमज़ोरी को सामने लाता है।"

"मैंने पहले कभी किसी पुराने जिहादी को पवित्रता और स्ट्रक्चर के बारे में इतनी साफ़गोई और अनुशासन से बात करते नहीं सुना। इसने मेरी आम ईसाई धर्म को चुनौती दी।"

"जिस बात ने मुझे सबसे ज़्यादा चौंकाया, वह आग नहीं थी - बल्कि उसकी ईमानदारी थी कि वह दोगलेपन की वजह से लगभग लौट ही आया था। उस लेवल की ट्रांसपेरेंसी बहुत कम देखने को मिलती है।"

"इस कहानी ने मुझे अपने कमिटमेंट के लेवल पर सवाल उठाने पर मजबूर कर दिया। हम कहते हैं कि हम सीरियस हैं, लेकिन क्या हम डिसिप्लिन्ड हैं?"

"यह बात कि वह अभी भी उन समुदायों की सेवा करते हैं जहाँ ज़्यादातर फ़ायदा उठाने वाले मुस्लिम हैं, यह कड़वाहट नहीं, बल्कि समझदारी दिखाता है। यह बहुत कुछ कहता है।"

“जब उन्होंने बताया कि उन्हें गोली लगी थी और फिर भी वे खड़े थे, तो मुझे एहसास हुआ कि बचाव की ज़िम्मेदारी भी होती है। ज़िंदा रहना आराम का बहाना नहीं है।”

“स्वर्ग देखने के बाद भी तुरंत हार न मानने वाली बात बहुत गंभीर थी। सिर्फ़ खुलासे से आप नहीं बदलते।”

“40-दिन का फॉर्मेशन स्ट्रक्चर इसे अलग बनाता है। यह आपको इंस्पायर नहीं करता — इसके लिए रिस्पॉन्स की ज़रूरत होती है।”

“यह इस्लाम से धर्म बदलने के बारे में मेरे सामने आई सबसे संतुलित बातों में से एक है। यह पक्की बात है, लेकिन नफ़रत वाली नहीं है।”

"स्वर्ग एक के लिए आनन्दित होता है - केवल इसी पंक्ति ने सेवकाई की सफलता के प्रति मेरे दृष्टिकोण को बदल दिया।"

“इस किताब में दम है। यह हिंसा को सनसनीखेज नहीं बनाती या अनुभव को बढ़ा-चढ़ाकर नहीं बताती। इसके लिए गंभीर, अनुशासित विश्वास की ज़रूरत है।”

“मुझे उम्मीद थी कि यह एक नाटकीय धर्म-परिवर्तन की कहानी होगी। लेकिन मुझे जो मिला वह एक करार और पवित्रता का आह्वान था।”

“चमत्कारों से ज़्यादा अनुशासन पर ज़ोर ने मुझे चुनौती दी। स्ट्रक्चर विश्वास को बनाए रखता है।”

“यह बिना बचाव किए पाखंड का सामना करता है। यही ईमानदारी इसे भरोसेमंद बनाती है।”

“यह भीड़ को उत्साहित करने के लिए नहीं लिखा गया है। यह विश्वासियों को बनाने के लिए लिखा गया है।”

प्रस्तावना

यह किताब आपको इम्प्रेस करने के लिए नहीं लिखी गई है।

यह आपका सामना करने के लिए लिखा गया है।

आप जो कहानी पढ़ने वाले हैं, उसमें आग, खून, ज़ुल्म, सपने, देश का दखल, रूहानी मुलाकातें और भगवान का बचाव शामिल है। इसमें एक बँटे हुए घर का तनाव, प्रार्थना करती माँ की हिम्मत, एक पिता का चुपचाप संघर्ष, एक भाई की मौत के करीब पहुँचना, और एक लड़ाकू दिल का अचानक बदलना शामिल है।

लेकिन यह चमत्कारों का कोई सनसनीखेज रिकॉर्ड नहीं है।

यह वफ़ादारी का अध्ययन है।

बहुत से लोग धर्म बदलने की कहानियों से बहुत प्रभावित होते हैं। दूसरे लोग सुपरनैचुरल अनुभवों से बहुत प्रभावित होते हैं। कुछ लोग ज़ुल्म की कहानियों से बहुत प्रभावित होते हैं। लेकिन आकर्षण का मतलब बदलाव नहीं होता। इमोशन का मतलब सब्र नहीं होता। किसी से मिलना अपने आप बात मानना नहीं होता।

यह काम बिना किसी तैयारी के एक्साइटमेंट से बचने के लिए ध्यान से और सोच-समझकर लिखा गया था।

पहले भाग में कहानी बताई गई है — जो डॉक्यूमेंटेड इंटरव्यू, प्रवचनों और पब्लिक में मौजूद गवाहियों से ली गई है। डिटेल्स किसी आदमी को बड़ा दिखाने के लिए नहीं, बल्कि यह दिखाने के लिए रखी गई हैं कि जब यकीन और खुलासे टकराते हैं तो क्या होता है।

दूसरा भाग वह देता है जो ज़्यादातर गवाही में नहीं होता: स्ट्रक्चर। चालीस दिन का अनुशासित आध्यात्मिक विकास। कोई थ्योरी नहीं। कोई अस्पष्ट सोच नहीं। व्यवस्थित जुड़ाव। पुराने और नए नियम से धर्मग्रंथ। सबक। सवाल। प्रार्थना। घोषणा। काम।

यह जानबूझकर किया गया है।

क्योंकि कहानियाँ आपको प्रेरित कर सकती हैं - लेकिन संरचना आपको बनाए रखती है।

आसमान से आग गिरने, मेंटर के घायल होने, बिना जानलेवा नुकसान के शरीर में गोलियों के घुसने, प्रेसिडेंट द्वारा बचाव, और बिना चोट के मेडिकल कन्फर्मेशन की बातें — ये बातें बहस या सनसनी फैलाने के लिए नहीं बताई गई हैं। इन्हें इसलिए रिकॉर्ड किया गया है क्योंकि ये डॉक्यूमेंटेड गवाही का हिस्सा हैं।

फिर भी, मुख्य लड़ाई कभी भी ज़िंदा रहने की नहीं थी।

यह वफ़ादारी के बारे में था।

विरासत में मिले विश्वास के प्रति निष्ठा।

परंपरा के प्रति निष्ठा। विश्वास के प्रति निष्ठा। मसीह के प्रति निष्ठा।

इस किताब के मूल में एक सवाल है जिसे टाला नहीं जा सकता:

जब रहस्योद्घाटन विरासत का सामना करता है - तो आप क्या करते हैं?

यह काम अपने सब्जेक्ट के लिए परफ़ेक्शन का दावा नहीं करता। यह अनुभव को कैननाइज़ नहीं करता। धर्मग्रंथ ही आखिरी अथॉरिटी है। जहाँ कोई इंसानी ज़िंदगी बाइबिल के हिसाब से कम पड़ती है, वहाँ धर्मग्रंथ उससे ऊपर है।

इस किताब का मकसद एक ही है:

पढ़ने वालों को मसीह की ओर इशारा करना — और उन्हें अनुशासित, वाचा की आज्ञाकारिता में बुलाना।

स्वर्ग उस पर खुश होता है जो पश्चाताप करता है।

तमाशे से प्रभावित भीड़ पर नहीं।

अगर इन पन्नों को पढ़ने वाला एक भी इंसान ज़्यादा पक्के यकीन, गहरी पवित्रता, ज़्यादा अनुशासन और यीशु मसीह के प्रति अटूट वफ़ादारी के साथ बाहर निकलता है — तो इस काम ने अपना काम पूरा कर दिया है।

ध्यान से पढ़ें।

ईमानदारी से सोचें।

सोच-समझकर जवाब दें।
केवल आगे.

प्रस्तावना

रात में आग लगी

घर में सन्नाटा नहीं था।
इसका ऑर्डर दिया गया था।
उस घर में धर्म कोई आम बात नहीं थी।
वह एक ढांचा था। वह अधिकार था। वह विरासत थी जो बिना किसी बातचीत के पिता से बेटे को मिलती थी।
पिता नरम दिल इंसान नहीं थे।
वे डिसिप्लिन्ड थे। धर्मनिष्ठ। एकदम सही। एक ऐसा इंसान जो पक्के इरादे और मिलिट्री सख्ती से बना था।
उसी घर के अंदर कुछ पहले ही बदल चुका था।
चुपचाप.
माँ ने हद पार कर दी थी।
कोई घोषणा नहीं।
कोई विद्रोह नहीं। कोई सार्वजनिक अवकाश नहीं।
वह अब भी खाना बनाती थी।
अब भी सेवा करती थी। अब भी अपने पति का आदर करती थी। अब भी एक ही छत के नीचे रहती थी।
लेकिन उसकी वफ़ादारी बदल गई थी।
और जब निष्ठा बदलती है, तो माहौल बदल जाता है - भले ही कोई न बोले।
जल्द ही बड़े बेटे ने सवाल करना शुरू कर दिया।
विश्वास अब विरासत में नहीं मिलता था।
इसकी जांच की जाती थी।
पिता को यह बात घोषित होने से पहले ही पता चल गई थी।

जब पहचान खतरे में होती है तो यकीन धोखा लगता है।
और एक दिन, तनाव हिंसा तक पहुंच गया।
एक तलवार उठाई गई।
प्रतीकात्मक नहीं।
इस्पात।
अपने ही बेटे पर हमला करने के लिए पाला गया।
लेकिन ब्लेड के नीचे गिरने से पहले, बेटा वहां नहीं था जहां निशाना था।
बाद में उन्होंने बताया कि उन्हें शारीरिक रूप से स्थानांतरित कर दिया गया था - उस स्थान से पास के किसी अन्य स्थान पर ले जाया गया था।
तलवार नीचे आ गई।
लेकिन उस पर नहीं।
विरासत में रुकावट आ गई थी।
फिर भी यह तो बस शुरुआत थी।
वहां एक गुरु था।
एक इमाम.
सम्मानित। भरोसेमंद। रचनात्मक।
वह व्यक्ति जिसने अनुशासन को आकार दिया, भक्ति को प्रशिक्षित किया, और उसे गहन आध्यात्मिक प्रथाओं में दीक्षित किया - जिसमें आध्यात्मिक शक्ति और छिपे हुए अनुष्ठान का ज्ञान भी शामिल था।
इस गुरु के प्रति वफ़ादारी कोई आम बात नहीं थी।
यह बचपन में ही बन गया था।
और फिर टकराव हुआ।
बाद में उन्होंने इसे साफ़-साफ़ बताया:
"मैंने स्वर्ग से आग देखी।"
रूपक नहीं।
आग।

इमाम को झटका लगा।
उसके आस-पास के लोगों ने सूजे हुए घाव देखे।
उसने रुकावट देखी।
कुछ ने चोट देखी।
उसने एक्सपोज़र देखा।
स्वर्ग तमाशे के लिए नहीं हिलता।
यह सटीकता के लिए चलता है।
वह आग भीड़ के लिए नहीं थी।
यह एक के लिए था।
बाद में, मैदुगुरी में एक और मुठभेड़ हुई।
उसे नरक दिखाया गया।
वह चेहरों को पहचानता था - अजनबियों को नहीं।
शिक्षक.
फिर उसे स्वर्ग दिखाया गया।
व्यवस्था का शहर।
सुंदरता। रोशनी। सोना।
वह घबराया हुआ लौटा।
लेकिन खुलासे से तुरंत सरेंडर नहीं हुआ।
देखने का मतलब झुकना नहीं है।
कई सालों बाद, गोलियां उसके शरीर में घुस गईं।
मेटल उसकी खोपड़ी पर लगेगा।
उसके सिर से खून बहने लगेगा।
उसे मरा हुआ मानकर गाड़ी में ले जाया जाएगा।
लेकिन वह फिर से उठ खड़ा होगा।
एस्कॉर्ट्स उसे घेर लेते थे।
राष्ट्रपति दखल देंगे।
किसी दूसरे देश के मेडिकल स्पेशलिस्ट ऐसी बात की पुष्टि करेंगे जो समझ से परे है:

ज़िंदा।
सही-सलामत। कोई स्ट्रक्चरल डैमेज नहीं।
फिर भी उनके विश्वास के लिए सबसे बड़ा खतरा आग नहीं होगी।
नर्क नहीं। न स्वर्ग। न गोलियां।
यह पाखंड होगा।
और वापस लौटने की फुसफुसाहट।
एक रात होटल के कमरे में जब उसने दरवाज़ा खोला — और उसे देखा जिसका वह पीछा कर रहा था।
"हम बहुत दूर चले गए हैं," आवाज़ ने कहा।
"वापस जाने के लिए बहुत देर हो चुकी है।"
यह कोई तमाशा दिखाने वाली कहानी नहीं है।
यह वफ़ादारी के बारे में है।
और इस किताब के खत्म होने से पहले, आपके सामने यही सवाल आएगा:
जब आग गिरती है - तो क्या बचता है?

परिचय

यह आग की कहानी नहीं है

यह किताब आग के बारे में नहीं है।

यह गोलियों, विज़न, पॉलिटिकल दखल, या ड्रामैटिक सर्वाइवल के बारे में नहीं है।

वे घटनाएँ हुईं।
वे डॉक्यूमेंटेड हैं। उनके बारे में गवाही दी गई है।

लेकिन वे सेंटर नहीं हैं।

केंद्र निष्ठा है।

कई लोग इस किताब को इसकी अनोखी बातों की वजह से पढ़ना चाहेंगे — आग गिरना, स्वर्ग और नर्क का सामना, हत्या की कोशिश, राष्ट्रपति को बचाना। ये डिटेल्स ध्यान खींचती हैं। वे रोज़ाना की सोच में रुकावट डालती हैं। वे अंदाज़ों का सामना करती हैं।

लेकिन तमाशा बदलाव को बनाए नहीं रखता।

निष्ठा करती है।

यह किताब इस बारे में है कि जब विरासत में मिले यकीन का सामना सामने आए सच से होता है तो क्या होता है। यह इस बारे में है कि जब स्ट्रक्चर और एनकाउंटर टकराते हैं तो क्या होता है। यह इस बारे में है कि जब सिस्टम हिल जाते हैं और पहचान टेस्ट होती है तो क्या बचता है।

यह आग के बीच वफ़ादारी के बारे में है।

विरासत और रुकावट

कुछ लोगों को धर्म विरासत में वैसे ही मिलता है जैसे दूसरों को ज़मीन विरासत में मिलती है।

यह जन्म के समय दिया जाता है।
यह माहौल से लागू होता है। इसे कल्चर से मज़बूत किया जाता है।

ऐसे माहौल में, विश्वास की जांच नहीं की जाती - इसे आत्मसात किया जाता है।

अनुशासन भक्ति बन जाता है।
रूटीन नेकी बन जाता है। स्ट्रक्चर पहचान बन जाता है।

और जब कोई बदलाव होता है, तो वह छोटा नहीं होता।

यह भूकंपीय है।

यह किताब उस बड़े बदलाव का पता लगाती है।

एक माँ जिसकी वफ़ादारी चुपचाप लेकिन पक्के तौर पर बदल गई। एक भाई जिसकी जान तलवार की धार के नीचे बच गई। एक पिता जिसकी दुनिया टूटने लगी। एक मेंटर जो ऐसी चीज़ से हैरान था जिसे समझाया नहीं जा सकता था।

लेकिन फिर से - ये आश्चर्य पैदा करने के लिए प्रस्तुत नहीं किए गए हैं।

उन्हें यह दिखाने के लिए पेश किया गया है कि सच अक्सर सुधार से पहले रुकावट डालता है।

आग सबूत नहीं है

धर्मग्रंथों में आग का ज़िक्र अक्सर मिलता है।

यह एलिय्याह की वेदी पर गिरा।
इसने नादाब और अबीहू को भस्म कर दिया। यह पेंटेकोस्ट के साथ था।

लेकिन आग कभी भी संदेश नहीं है।

यह कन्फर्मेशन है।

इस कहानी में, आग यकीन के सिस्टम में रुकावट डालती है। यह वफ़ादारी को सामने लाती है। यह एक टर्निंग पॉइंट दिखाती है। लेकिन यह सफ़र पूरा नहीं करती।

सिर्फ़ खुलासे से आज्ञाकारिता नहीं आती।

उसने स्वर्ग देखा।

उसने नरक देखा।

वह लौटे।

और फिर भी उन्होंने तुरंत सरेंडर नहीं किया।

क्यों?

क्योंकि वफ़ादारी किसी मुलाकात से नहीं बनती। यह फ़ैसले से बनती है।

महान युद्ध

गोलियों से कहानी खत्म नहीं हुई।

आग ने इसे परिभाषित नहीं किया।

राष्ट्रपति के इवैक्युएशन से यह सुरक्षित नहीं हो पाया।

सबसे बड़ा खतरा बाद में आया - चर्च के भीतर से।

पाखंड।

गुनगुनी भक्ति।

बिना अनुशासन के प्रदर्शन।

अधूरे समाज को सहने के बजाय, एक जैसे धर्म में लौटने का लालच।

और यहीं पर यह किताब बायोग्राफी से मिरर में बदल जाती है।

क्योंकि बहुत से लोग सच्चाई का पता न चलने की वजह से उसे नहीं छोड़ते।

वे निराशा के कारण चले जाते हैं।

यह किताब क्यों मौजूद है?

यह किताब बनाने के लिए है।

आकर्षण नहीं.

यह पढ़ने वाले को तारीफ़ से आगे बढ़कर जांच की ओर ले जाने के लिए है।

पार्ट I कहानी को साफ़-साफ़, सीधे, बिना किसी बढ़ा-चढ़ाकर बताए पेश करता है। इसमें विरासत, टकराव, मुलाकात, ज़ुल्म, बचाव और कमीशन का पता लगाया गया है।

पार्ट II में 40 दिन का एक स्ट्रक्चर्ड सफ़र बताया गया है — किसी पर्सनैलिटी की नकल करने के लिए नहीं, बल्कि क्राइस्ट के प्रति डिसिप्लिन्ड वफ़ादारी बढ़ाने के लिए।

यह बहुत ज़रूरी है:

हम पाठकों को किसी आदमी की ओर इशारा नहीं कर रहे हैं।

हम पाठकों को मसीह की ओर इशारा कर रहे हैं।

यहां बताया गया जीवन केस स्टडी के तौर पर काम करता है, टेम्पलेट के तौर पर नहीं। उदाहरण के तौर पर, मूर्ति के तौर पर नहीं। गवाही के तौर पर, थियोलॉजी के तौर पर नहीं।

जहां यह जीवन धर्मग्रंथ के साथ मेल खाता है, वहां से सीखा जा सकता है।

जहां कोई भी जीवन पवित्र शास्त्र से अलग होता है, वहां पवित्र शास्त्र ही आखिरी अधिकार होता है।

लक्ष्य पर्सनैलिटी के प्रति वफादारी नहीं है।

यह वाचा के प्रति वफ़ादारी है।

छिपे हुए शिष्य

पूरे धर्मग्रंथ में, वफ़ादारी हमेशा सार्वजनिक नहीं दिखती थी।

निकोडेमस रात में आया।
अरिमथिया के जोसेफ ने दफ़नाने का काम किया। नामान ने एक

अनजान मंदिर में घुटने टेके, जबकि वह अंदर से भगवान के प्रति वफ़ादार था। डेविड ने वाचा की पहचान बनाए रखते हुए पलिश्तियों के बीच जीवन बिताया। एस्तेर ने विरासत को तब तक छिपाया जब तक समय पर खुलासा नहीं हुआ।

वफ़ादारी कभी-कभी ज़ोरदार होती है।

कभी-कभी यह स्ट्रेटेजिक होता है।

लेकिन यह असली होना चाहिए।

यह कहानी एक मुख्य सवाल खड़ा करती है:

आपकी वफ़ादारी किस पर बनी है — विरासत, मुलाकात, संस्कृति, या विश्वास पर?

पाठक के लिए

यह किताब इसके लिए है:

जिन्हें विश्वास विरासत में मिला और उन्होंने कभी उसकी जांच नहीं की।
जिन्होंने सच्चाई का सामना किया और देर से हार मानी। जो हमले में बच गए लेकिन निराशा से जूझ रहे हैं। जो बंटे हुए घरों में रह रहे हैं। जो धार्मिक सिस्टम के अंदर पाखंड का सामना कर रहे हैं। जो मानते हैं कि भगवान सिर्फ भीड़ में चलते हैं।

स्वर्ग एक पर खुश होता है।

क्वांटिटी से पहले क्वालिटी।

अगर आग गिरे और सिर्फ़ एक ने जवाब दिया — तो भी स्वर्ग हिल गया।

यात्रा की संरचना

भाग I – आग के नीचे निष्ठा की कहानी
गठन, टकराव, उत्पीड़न, संरक्षण और कमीशन का कालानुक्रमिक और धार्मिक अनुरेखण।

पार्ट II – 40-दिन की स्ट्रेटेजिक यात्रा
रोज़ाना की कहानी, धर्मग्रंथ (पुराना और नया नियम), सोच-विचार, घोषणा, प्रार्थना और एक्शन। छिपे हुए यकीन से लेकर अनुशासित धीरज तक एक सोचा-समझा कदम।

यह पैसिव रीडिंग नहीं है।

यह जानबूझकर बनाया गया है।

अंतिम अभिविन्यास

आगे बढ़ने से पहले, यह समझ लें:

यह किताब आपका मनोरंजन नहीं करेगी।

इससे आपकी सोच सही नहीं होगी।

इससे दुख को सनसनीखेज नहीं बनाया जाएगा।

यह वफ़ादारी का सामना करेगा।

क्योंकि आग, नरक, स्वर्ग, गोलियों, पाखंड और अस्तित्व के अंत में - एक प्रश्न शेष रह जाता है:

आप किसके हैं?

और जब आग लगती है तो क्या बचता है?

.

अध्याय 1

वह पिता जिसने संरचना का निर्माण किया

घर में झगड़ा होने से पहले व्यवस्था थी।
धर्म बदलने से पहले अनुशासन था।
स्वर्ग से आग आने से पहले, एक ऐसे पिता के अधीन प्रशिक्षण हुआ था जो मानते थे कि धर्म कोई पसंद नहीं है - यह आदेश है।
ईसा के पिता दूसरे विश्व युद्ध के अनुभवी थे। पिता बनने से बहुत पहले ही मिलिट्री की सटीकता ने उन्हें आकार दिया था। वह सटीकता घर तक पहुँच गई थी। धर्म रोज़मर्रा की ज़िंदगी से अलग नहीं था; वह उसे चलाता था।
पैटर्न एक जैसा था:
ऑफिस से मस्जिद.
मस्जिद से घर. घर से मस्जिद.
कोई भटकाव नहीं था। कोई बंटी हुई वफ़ादारी नहीं थी। कोई आराम से पालन नहीं था।
उस घर में इस्लाम कोई कल्चरल सजावट नहीं थी। वह एक स्ट्रक्चर था।
बच्चों की परवरिश ऐसे सिस्टम में हुई जहाँ बात मानने की उम्मीद की जाती थी और उन पर नज़र रखी जाती थी। रमज़ान के दौरान रोज़ा रखना टीनएज में शुरु नहीं होता था। ईसा ने पाँच साल की उम्र में रोज़ा रखना शुरु कर दिया था। पूरे दिन का रोज़ा। उम्र की वजह से कोई छूट नहीं थी।

प्रार्थना सिर्फ़ ज़िम्मेदारी तक सीमित नहीं थी।
उन्होंने गवाही दी है कि वे रोज़ाना 172 बार नमाज़ पढ़ते थे। इनमें ज़रूरी नमाज़ें और अपनी मर्ज़ी से पढ़ी जाने वाली और भी नमाज़ें शामिल थीं। कुरान की आयतें हज़ारों बार दोहराई जाती थीं। धर्मग्रंथ पर ध्यान असल में, बार-बार और ज़ोरदार होता था।
टेक्स्ट का कोई रीइंटरप्रिटेशन नहीं था।
अगर कुरान में कहा गया कि, "उन्हें जहाँ कहीं पाओ, मार डालो," तो इसे सच मान लिया गया।
इसमें कोई कॉन्टेक्स्टुअल एडजस्टमेंट नहीं था। कोई थियोलॉजिकल नरमी नहीं थी।
यह विश्वास लागू किया गया था।
ईसा बताते हैं कि सात या आठ साल की उम्र में उन्हें रूहानी चीज़ें महसूस होने लगीं, जिन्हें वे "अल-जिन्न" से मिलना समझते थे। उन्होंने बताया कि उन्हें ऐसे जीव दिखते थे जो मिले-जुले रूप में दिखते थे, कभी जानवरों जैसे, तो कभी चमकदार। इन मुलाकातों से उन्हें डर नहीं लगता था। इनसे वह सोच और पक्की हो जाती थी जो उन्हें सिखाई जा रही थी।
उनका मानना था कि इन अनुभवों से इस्लाम की सच्चाई की पुष्टि हुई।
बारह बजे तक, फॉर्मेशन तेज़ हो गया।
उन्होंने शहर के बाहर ऑर्गनाइज़्ड इस्लामिक मिलिटेंट ट्रेनिंग ली। इसमें फिजिकल ड्रिल, बॉक्सिंग, कराटे, हथियार चलाना, सर्वाइवल एक्सरसाइज और गुरिल्ला-स्टाइल ट्रेनिंग शामिल थी। माता-पिता ने इस ट्रेनिंग को सपोर्ट किया और फंड दिया। इसे इज्ज़तदार माना जाता था।
बाद में उन्होंने इस्लामिक आंदोलनों में शामिल होने के बारे में बताया, जिसमें इस्लामिक विस्तार के लिए स्ट्रेटेजिक प्लानिंग भी शामिल थी।
उन्होंने सीधे ईसाई-विरोधी हमले में शामिल होने की बात मानी है —

ईसाइयों को पीटना, चर्च जलाना, सबके सामने बाइबिल नष्ट करना, और साइकोलॉजिकल डराना-धमकाना।
यह कोई आम दुश्मनी नहीं थी।
यह मिशन था।
अनुशासन ने सिस्टम को परिभाषित किया।
रस्म ने वफ़ादारी को मज़बूत किया।
बार-बार दोहराने से पक्का यकीन बना।
नफ़रत अचानक नहीं होती; यह सिखाई जाती है।
ईसाई धर्म को दुश्मन बताया गया।
डोमिनियन को किस्मत के तौर पर दिखाया गया था।
और ईसा ने इसे आत्मसात कर लिया।
वह अपने पिता को खुश करना चाहता था।
वह अपने विश्वास की रक्षा करना चाहता था।
वह उस काम को आगे बढ़ाना चाहते थे जिसे वह ईश्वर का आदेश मानते थे।
जब तक टीनएज जवानी में बदली, तब तक वह विश्वास के बारे में नहीं सोच रहा था।
वह इसे लागू कर रहा था।
स्ट्रक्चर पूरा हो गया था।
वफ़ादारी साफ़ थी।
सिस्टम ठीक वैसे ही काम कर रहा था जैसा डिज़ाइन किया गया था।
फिर फ्रैक्चर शुरू हो गया।
बाहर से नहीं.
अंदर से।
उसकी माँ ने धर्म बदल लिया।

अध्याय दो

वह माँ जिसने धर्म बदला और वहीं रही

घर में पहला धर्म परिवर्तन युद्ध के मैदान में नहीं हुआ था।
यह सब चुपचाप हुआ।
ईसा की माँ ने एक सख्त इस्लामी घर में रहते हुए भी अपना जीवन ईसा मसीह को समर्पित कर दिया।
यह ऐसा माहौल नहीं था जहाँ धर्म कल्चर की तरह काम करता था। यह पहचान थी। यह कमांड था। यह ऑर्डर था। पिता का अधिकार और परिवार की इस्लामी भक्ति आपस में जुड़ी हुई थी। मस्जिद ने दिन को बनाया। कुरान ने सोच को बनाया। आज्ञाकारिता ने व्यवहार को बनाया।
और उस स्ट्रक्चर के अंदर, माँ ने अपनी वफ़ादारी बदल ली।
शुरू में उनके धर्म बदलने की घोषणा सबके सामने नहीं की गई थी। यह अंदर ही अंदर शुरू हुआ था। लेकिन अनुशासित धार्मिक घरों में, अंदर के बदलाव आखिरकार व्यवहार में सामने आते हैं।
उसकी प्रार्थना का तरीका बदल गया।
उसकी आवाज़ बदल गई।
भक्ति के पलों में उनका पोस्चर बदल जाता था।
वह अब भी पत्नी और माँ के तौर पर अपनी ज़िम्मेदारियाँ निभाती रहीं। वह खाना परोसती रहीं। वह घर की देखभाल करती रहीं। वह परिवार से शारीरिक रूप से अलग नहीं हुईं। लेकिन उनका आध्यात्मिक जुड़ाव अब पहले जैसा नहीं रहा।
इस अंतर से तनाव पैदा हुआ।

टाइट तरीके से व्यवस्थित घरों में, एक जैसा होना स्थिरता बनाए रखता है। जब एक सदस्य अलग होता है, तो पूरे सिस्टम पर दबाव पड़ता है। वह डाइनिंग टेबल पर थियोलॉजी पर बहस नहीं करती थी। वह उस सिस्टम का मज़ाक नहीं उड़ाती थी जिसमें वह रहती थी। वह अपने पति की अथॉरिटी को खुलेआम चैलेंज नहीं करती थी। इसके बजाय, वह मौजूद रहती थी।

बने रहना कोई कमजोरी नहीं थी।

वहां बने रहने का मतलब था कि उसे दूर से नहीं, बल्कि सिस्टम के अंदर ही नतीजों का सामना करना पड़ेगा।

उसकी नई वफ़ादारी हमेशा के लिए छिपी नहीं थी।

बेटों ने ध्यान से देखा।

उन्हें अनुशासन पर ध्यान देने की ट्रेनिंग दी गई थी। उन्हें गंभीरता पहचानने की ट्रेनिंग दी गई थी। वे जानते थे कि सख्त इस्लामी भक्ति कैसी दिखती है। वे जानते थे कि पूरी भागीदारी के लिए क्या ज़रूरी है। कुछ अलग था।

उसकी शांति उन्हीं मंत्रों पर नहीं बनी थी।

उसकी भक्ति अब उसी दिशा में नहीं जाती थी। उसका अंदरूनी केंद्र बदल गया था।

पिता ने व्यवस्था बनाए रखी । व्यवस्था ढीली नहीं हुई। एक जैसा होने की उम्मीद खत्म नहीं हुई।

लेकिन अब घर में दो वफ़ादार लोग थे।

माहौल टाइट हो गया।

यह अभी तक विस्फोटक नहीं था।

लेकिन यह बँट गया।

ईसा के लिए, जो अब भी कट्टर इस्लामी सोच में पूरी तरह डूबे हुए थे, यह बात कन्फ्यूजिंग थी। जिस सिस्टम को वह पक्का मानते थे, अब उनके अपने घर में ही उसे उलटफेर का सामना करना पड़ रहा था। जिस इंसान ने उन्हें पाला-पोसा था, अब उसकी वफादारी अलग थी।

ऐसे माहौल में धर्म बदलना सिर्फ़ धर्म बदलना नहीं था।
इसे वंश, वफ़ादारी और किस्मत के साथ धोखा माना गया।
फिर भी वह रुकी रही।
उसने शादी नहीं छोड़ी।
उसने परिवार को नहीं छोड़ा। उसने कहीं और सुरक्षा नहीं मांगी।
वह तनाव में ही रही।
उनका विश्वास पब्लिक में झगड़े में नहीं, बल्कि धीरज में ज़ाहिर हुआ।
जल्द ही उस सहनशक्ति का टेस्ट असहमति से परे होगा।
अगला कन्वर्ज़न रुका नहीं रहेगा।
सबसे बड़े बेटे की मुलाकात ईसा मसीह से हुई।
और जब उसने ऐसा किया, तो घर की दरार खुली लड़ाई में बदल गई।

अध्याय 3

अमादु अल्मादु बूबा और तलवार

घर में दूसरा बदलाव धीरे-धीरे नहीं हुआ।
यह निर्णायक था।
ईसा के सबसे बड़े भाई, **अमादु अल्मादु बूबा ने** अपना जीवन मसीह को दे दिया।
यह कोई निजी जिज्ञासा नहीं थी। यह वफ़ादारी में एक घोषित बदलाव था। मिलिटेंट इस्लामिक सोच के आस-पास बने घर में, ऐसे फ़ैसले को असहमति नहीं, बल्कि बगावत माना जाता था।
धर्म बदलने के तुरंत बाद अमाडू घर से बाहर नहीं निकला। वह उसी माहौल में रहा जिसमें उसकी माँ रहती थी।
लेकिन उनके धर्म बदलने पर रिएक्शन अलग था।

जहां उनकी मां के बदलाव से तनाव पैदा हुआ, वहीं उनके धर्म बदलने से टकराव पैदा हुआ।

पादरी ईसा की गवाही के अनुसार, स्थिति तेज़ी से बिगड़ गई। पिता, जो मिलिट्री डिसिप्लिन और पूरी धार्मिक गंभीरता के साथ घर चलाते थे, ने ज़ोरदार जवाब दिया।

टकराव शब्दों से आगे बढ़ गया।

ईसा ने बताया कि उसके पिता तलवार लेकर अमादु के पीछे से आये थे।

यह कोई सिंबॉलिक इशारा नहीं है।

एक असली हथियार.

उन्होंने ब्लेड को बहुत तेज़ बताया है — ज़रा से भी संपर्क में आने पर स्किन को काटने में सक्षम। इरादा डराना नहीं था। यह हत्या करना था।

पिता ने अपने ही बेटे को ईसाई धर्म अपनाने पर मारने के लिए तलवार उठा ली।

उस समय कोई बातचीत नहीं हुई।

ब्लेड उठा लिया गया।

हड़ताल आने वाली थी।

फिर, ईसा के अनुसार, कुछ ऐसा हुआ जिससे परिवार की दिशा बदल गई।

उन्होंने कहा है कि पवित्र आत्मा ने दखल दिया।

उन्होंने बताया कि अमादु को उस जगह से फिजिकली हटा दिया गया था जहां वह खड़ा था।

संघर्ष से नहीं।

इंसानी दखल से नहीं। भागकर नहीं।

वह कहता है कि आत्मा ने उसके भाई को "चुना" और उसे तलवार के रास्ते से दूर कर दिया।

तलवार नीचे उतरी।

लेकिन यह मांस पर नहीं गिरा।
इसके बजाय, यह उस ट्रैम्पोलिन को काटता हुआ ज़मीन में जा घुसा, जहाँ अमाडू खड़ा था।
जिस जगह पर ब्लेड लगा, ठीक वही जगह थी जहां कुछ देर पहले उसका शरीर था।
अमादु अब वहां नहीं था।
उसे पास की जगह पर ले जाया गया था।
स्ट्राइक मिस हो गई।
हत्या की कोशिश सफल नहीं हुई।
उस पल ने घर में एक टर्निंग पॉइंट ला दिया।
अब यह सिद्धांत के बारे में कोई मतभेद नहीं था।
यह एक कोशिश थी।
पिता ने अभिनय किया था।
तलवार उठा ली गयी थी।
ब्लेड गिर गया था।
और फिर भी बेटा ज़िंदा रहा।
घटना के बाद अमादु ने अपना फैसला नहीं बदला।
उन्होंने अपना धर्म परिवर्तन नहीं छोड़ा।
वह कमिटेड रहे।
ईसा की गवाही के अनुसार, वही भाई बाद में डीपर लाइफ चर्च में सीनियर पादरी बन गया, और नेशनल ओवरसियर लेवल पर सेवा करने लगा।
तलवार ने उसकी जान नहीं ली थी।
यह उनके बुलावे से पहले की बात है।
घर के अंदर, माहौल हमेशा के लिए बदल गया।
माँ के शांत मन से किए गए बदलाव ने अंदर ही अंदर फूट पैदा कर दी थी।

अमादू के धर्म बदलने और तलवार वाली घटना से खुली दरार पैदा हो गई।
सिस्टम को अंदर से चुनौती दी गई थी।
और जो कभी एक जैसी वफ़ादारी थी, वह अब अलग-अलग वफ़ादारी की वजह से टूट गई थी।
ईसा, जो उस समय भी मिलिटेंट इस्लामिक ग्रुप में गहराई से जुड़े हुए थे, इस घटना को आसानी से नज़रअंदाज़ नहीं कर सकते थे।
उसने अपने पिता का इरादा देख लिया था।
उसने ब्लेड को गिरते देखा था।
उसने अपने भाई को कहीं और खड़ा देखा था।
इस घटना ने उन्हें तुरंत नहीं बदला।
लेकिन इससे उनके यकीन में रुकावट आ गई।
उनके विश्वास सिस्टम का स्ट्रक्चर बना रहा।
लेकिन दरारें पड़नी शुरू हो गई थीं।
अगली मुठभेड़ में तलवार का इस्तेमाल नहीं होगा।
इसमें आग लग जाएगी।

अध्याय 4

गठन तीव्र

हालांकि उसकी मां और भाई ने अपना पक्ष बदल लिया था, लेकिन ईसा ने ऐसा नहीं किया।

अगर कुछ हुआ भी, तो घर के अंदर के तनाव ने उनके इरादे को और मज़बूत कर दिया।

उन्हें यह मानकर पाला गया था कि इस्लाम सिर्फ़ एक धर्म नहीं है, बल्कि राज करने का एक आदेश है। बचपन से ही अनुशासन ने उनकी पहचान बनाई थी। उनके भाई के साथ हुई तलवारबाज़ी की घटना ने उस सोच को खत्म नहीं किया। इसने उनके इस विश्वास को और पक्का कर दिया कि गलत रास्ते का विरोध किया जाना चाहिए।

उनके पिता के मिलिट्री बैकग्राउंड ने उनके रोज़ के रूटीन से कहीं ज़्यादा चीज़ों को बनाया था। इसने वफ़ादारी और ताकत की उम्मीदों को बनाया था। इमोशनल नरमी को बढ़ावा नहीं दिया गया था। बात मानने को बढ़ावा दिया गया था।

ईसा का विकास मिलिटेंट लाइन पर जारी रहा।

अपनी टीनएज की शुरुआत में ही, वह पूरी तरह से इस्लामिक ट्रेनिंग स्ट्रक्चर में डूब गया था। शहर के बाहर, दूर-दराज के इलाकों में, उसे और दूसरे युवा रिक्रूट्स को फिजिकल कंडीशनिंग और आइडियोलॉजिकल मजबूती दी गई। ट्रेनिंग में शामिल थे:

- काम दायरे में दो लोगो की लड़ाई।
- कराटे और बॉक्सिंग ड्रिल।
- फिजिकल एंड्योरेंस कंडीशनिंग।
- मुश्किल हालात में सर्वाइवल ट्रेनिंग।

- हथियार चलाने का अनुभव।
- गुरिल्ला युद्ध में रणनीतिक निर्देश।

माता-पिता ने अपनी मर्ज़ी से इस ट्रेनिंग के लिए पैसे दिए। इसमें हिस्सा लेना इज्ज़त की बात मानी जाती थी। इस्लाम का बचाव करना कट्टरता नहीं - बल्कि नेकी थी।

फिजिकल ट्रेनिंग के साथ-साथ आइडियोलॉजिकल मजबूती भी दी गई। कुरान की आयतें याद की गईं और नास्तिकों से टकराव पर ज़ोर देते हुए उन्हें सुनाया गया। ईसाइयों और यहूदियों के प्रति नफ़रत कोई इमोशनल गुस्सा नहीं था; इसे बार-बार दोहराकर बढ़ाया गया था।

ईसा ने दुश्मनी वाले कामों में सीधे तौर पर शामिल होने की बात मानी है:

- ईसाइयों को पीटना।
- जबरदस्ती डराना-धमकाना।
- खुलेआम बाइबल को नष्ट करना।
- चर्च जलाने में भाग लेना।
- संगठित धार्मिक आक्रामकता में शामिल होना।

उन्होंने खुद को बिना मन के शामिल नहीं बताया।

उनका मानना था कि वे सच का बचाव कर रहे थे।

मिलिटेंट ट्रेनिंग के अलावा, उन्होंने गहरी भक्ति की प्रैक्टिस जारी रखी। रोज़ की पाँच ज़रूरी प्रार्थनाओं के अलावा, उन्होंने और भी प्रार्थनाएँ कीं। उन्होंने रोज़ 172 प्रार्थनाएँ करने की बात कही है।

पाठ सिंबॉलिक नहीं था। ध्यान में श्लोकों को हज़ारों बार दोहराया जाता था। आज्ञा का पालन असल में होता था।

सात या आठ साल की उम्र में, उन्होंने आध्यात्मिक घटनाओं के बारे में बताया, जिन्हें उन्होंने इस्लाम की पुष्टि के तौर पर समझा। उन्होंने बताया कि उन्होंने ऐसे जीव देखे जिन्हें वे "अल-जिन्न" मानते थे। इन अनुभवों ने उन्हें डरा नहीं; बल्कि उनके इरादे को और मज़बूत किया। उनका विश्वास सिस्टम कमज़ोर नहीं था।

इसे अनुशासन, दोहराव, आध्यात्मिक अनुभव और आपसी मज़बूती से मज़बूत किया गया।
जब वह जवान हुआ, तो वह सिर्फ़ एक हिस्सा लेने वाला नहीं था।
वह स्ट्रक्चर्ड इस्लामिक स्ट्रेटेजिक प्लानिंग में शामिल थे। उन्होंने ऐसे आंदोलनों में शामिल होने का ज़िक्र किया है, जो अलग-अलग इलाकों में इस्लामिक असर को लंबे समय तक बढ़ाने की सोच रखते थे। सोच पीढ़ी दर पीढ़ी की थी। स्ट्रेटेजी सब्र वाली थी।
घर के अंदर धर्म बदलने से वह राज़ी नहीं हुआ।
इससे उसे बुरा लगा।
उन्होंने ईसाई धर्म को कमज़ोर समझा।
उन्होंने ईसाइयों को समझौतावादी देखा।
उन्होंने चर्च को सामना करने लायक चीज़ के रूप में देखा।
फिर उनके इमाम से जुड़ी घटना घटी।
और टकराव आइडियोलॉजी से एनकाउंटर में बदल गया।

अध्याय 5

मैदुगुरी, नरक का दर्शन, और इनकार

ईसा के जीवन में बदलाव आग से शुरू नहीं हुआ।
इसकी शुरुआत गड़बड़ी से हुई।
अपने मिलिटेंट डेवलपमेंट के सालों के दौरान, ईसा ने मैदुगुरी की यात्रा की।

इस समय, वे इस्लाम के प्रति पूरी तरह समर्पित थे। उनकी सोच बनी हुई थी। ईसाई धर्म के प्रति उनकी दुश्मनी बनी हुई थी। उनका अनुशासन कमज़ोर नहीं हुआ था।

मैदुगुरी में रहते हुए, वह एक सुपरनैचुरल अनुभव के बारे में बताते हैं जिसने उनके अंदर के यकीन को बदल दिया।

उन्होंने कहा कि उन्हें नरक दिखाया गया।

उन्होंने इसे कल्पना या सपना नहीं, बल्कि एक मुलाकात बताया।

उसकी गवाही के अनुसार, उसने आग की लपटें और बहुत ज़्यादा तकलीफ़ देखी। उसने लोगों को तकलीफ़ में देखा।

और जिन लोगों को उन्होंने पहचाना उनमें **मुस्लिम टीचर - मल्लम - वे लोग थे जिन्होंने उन्हें इस्लामी शिक्षा दी थी।**

ये इस्लाम के दुश्मन नहीं थे।

वे इसके लीडर थे।

उन्होंने सम्मानित इस्लामी शिक्षकों को कष्ट में देखा।

उन्होंने बताया कि वे आग के अंदर दर्द में रो रहे थे।

यह उस फ्रेमवर्क से मेल नहीं खाता था जो उसे सिखाया गया था।

उन्हें यह विश्वास दिलाकर पाला गया था कि इस्लाम ही एकमात्र सच्चा मार्ग है। मुस्लिम शिक्षक सत्य के संरक्षक थे। उनकी हमेशा की मंज़िल सुरक्षित मानी जाती थी।

लेकिन जिस विज़न के बारे में उन्होंने बताया, उसमें वे सुरक्षित नहीं थे।

उनकी निंदा की गई।

उन्हें ईसाइयों को पीड़ा में नहीं दिखाया गया।

उन्हें इस्लामिक अधिकारियों को तकलीफ़ में दिखाया गया।

उस बात ने उसे परेशान कर दिया।

इसके बाद, वह बताता है कि उसे ऊपर ले जाया गया और स्वर्ग दिखाया गया।

उन्होंने स्वर्ग को व्यवस्थित, रोशन, व्यवस्थित और शांतिपूर्ण बताया।

उन्होंने बताया कि उन्होंने ऐसे लोगों को देखा जो मर चुके थे।

उन्होंने इस अनुभव को असल और साफ़ बताया।
उन्हें दो जगहें दिखाई गईं:
पीड़ा.
और ऑर्डर करें।
निर्णय.
और शांति।
वह अनुभव से लौट आया।
और उसने धर्म परिवर्तन नहीं किया।
इस सपने ने तुरंत उनकी वफ़ादारी नहीं तोड़ी।
उसका गठन बहुत गहरा था।
सालों का अनुशासन, दोहराव, मिलिटेंट आइडियोलॉजी, और स्ट्रक्चर्ड विश्वास एक अनुभव से खत्म नहीं होते।
वह अपने पुराने रास्ते पर लौट आया।
उन्होंने इस्लाम का पालन जारी रखा।
उन्होंने मिलिटेंट कमिटमेंट जारी रखा।
उन्होंने ईसाई धर्म के प्रति अपनी दुश्मनी जारी रखी।
लेकिन गड़बड़ी बनी रही।
उसने कुछ ऐसा देखा था जो उसे सिखाई गई बातों से मेल नहीं खाता था।
विचारधारा का ढांचा अभी भी कायम था।
लेकिन अब उसमें दरारें आ गई थीं।
मैदुगुरी में निर्णायक टकराव नहीं होगा।
यह बाद में होगा।
इसमें उनके इमाम भी शामिल होंगे।
और इसमें आग भी शामिल होगी।

अध्याय 6

तीसरा विज़न: 1982 — सरेंडर

ईसा ने पहले ही इतना कुछ देख लिया था कि एक कमज़ोर आदमी को अस्थिर कर सकता था।

उसने मुस्लिम टीचरों को तकलीफ़ में देखा था।

उसने जन्नत देखी थी। उसने उस इमाम की मौत देखी थी जिसने उसे रूहानी राज़ सिखाए थे।

फिर भी इनमें से किसी भी घटना ने उनकी वफ़ादारी नहीं तोड़ी।

उसके अंदर की बनावट बहुत गहरी थी।

उसे पाँच साल की उम्र में उपवास से बनाया गया था।

मजबूरी से ज़्यादा प्रार्थना के चक्रों से। मिलिटेंट ड्रिल्स से। गुप्त प्रार्थनाओं से। उन आयतों को दोहराने से जो दुनिया को पूरी तरह से कैटेगरी में बांटती थीं।

इस्लाम कोई विश्वास प्रणाली नहीं थी जिसे वह मानते थे।

यह उनकी पहचान का ढांचा था।

फिर आया 1982।

उन्होंने इसे तीसरा और आखिरी टकराव बताया।

वह बोर्नो स्टेट में था। मिलिटेंट सोच नरम नहीं हुई थी। अभी भी प्लान, एक्सरसाइज, स्ट्रेटेजी थीं। वह ईसाई धर्म की तरफ नहीं जा रहा था। वह जिज्ञासु नहीं था। वह खोज नहीं कर रहा था।

उन्होंने साफ-साफ कहा है: ऐसा कोई तरीका नहीं था जिससे वह तर्क से परे किसी चीज के बिना यीशु पर विश्वास करते - उनके शब्दों में, "सुपर, सुपर"।

यह मुलाकात अचानक हुई।

उन्होंने बताया कि वे बैठे हुए थे - और फिर उसमें प्रवेश कर गए जिसे उन्होंने समाधि कहा।

उसके आस-पास का माहौल फीका पड़ गया।

फिर उसने उसे देखा।

यीशु.

उन्होंने यीशु को आग के साथ बताया — सांकेतिक गर्मी नहीं, बल्कि धधकती हुई मौजूदगी। उन्होंने कहा कि उन पर आग बहुत तेज़ थी। यह मुलाकात हल्की नहीं थी। यह ज़बरदस्त थी।

फिर नज़रिया बदल गया।

नरक खुल गया।

उन्होंने कहा कि उन्होंने इसे साफ़-साफ़ देखा।

आग. तकलीफ.

तकलीफ.

वह चेहरे पहचानता था।

उसने उन लोगों को देखा जिन्हें वह जानता था।

उन्होंने मुस्लिम शिक्षकों को देखा।

उसने ऐसे लोगों को देखा जिनका वह सम्मान करता था।

उसने अपने दादाजी को देखा।

यह कोई धार्मिक सिद्धांत नहीं था।

यह पहचान थी।

जिन लोगों को वह सुरक्षित मानता था, वे जल रहे थे।

उन्हें यह मानने की ट्रेनिंग दी गई थी कि इस्लाम के प्रति वफ़ादारी जन्नत की गारंटी है।

फिर भी, जिस दर्शन के बारे में वह बताता है, उसमें वे तकलीफ़ में थे।

मुठभेड़ यहीं नहीं रुकी।

उन्होंने कहा कि इसके बाद उन्हें स्वर्ग दिखाया गया।

उन्होंने स्ट्रक्चर, ऑर्डर, चमक, शांति के बारे में बताया।

उसे अपने विश्वास के लिए मरने की ट्रेनिंग दी गई थी।

उसे बताया गया था कि शहादत का मतलब तरक्की है। जिहाद में मौत का मतलब प्रमोशन है।

उसे मरने का डर नहीं था।

उन्होंने इसका स्वागत किया था।

तो यह टकराव मौत के डर के बारे में नहीं था।

यह धोखे का पर्दाफाश करने के बारे में था।

वह कहते हैं कि उस पल उनके अंदर सब कुछ टूट गया।

धीरे-धीरे नहीं।

भावनात्मक रूप से नहीं।

संरचनात्मक रूप से।

विचारधारा की इमारत ढह गई।

उसने सरेंडर कर दिया।

1982 में ईसा ने अपना जीवन यीशु मसीह को समर्पित कर दिया।

इस्लाम के मिलिटेंट डिफेंडर ने वफ़ादारी छोड़ दी।

लेकिन सरेंडर से शांति नहीं मिली।

इससे युद्ध शुरू हो गया।

अध्याय 7

मैंने स्वर्ग से आग देखी — द मेंटर

टकराव से पहले, विश्वास था।

इमाम ईसा को बचपन से जानते थे। उन्होंने उन्हें बड़ा होते देखा था। उन्होंने उनका बोलने का तरीका ठीक किया था, उनकी याददाश्त को ट्रेन किया था, और नमाज़ में उनके बैठने का तरीका ठीक किया था। वह कभी-कभार सिखाने वाले नहीं थे; बल्कि उनका असर एक बनाने वाला था।

उनके अंदर, ईसा ने डिसिप्लिन सीखा — कोई आम विश्वास नहीं, बल्कि सोच-समझकर भक्ति करना। उन्होंने सीखा कि कैसे पढ़ना है, कैसे मतलब निकालना है, कैसे बने रहना है। लेकिन पब्लिक टीचिंग के अलावा, और भी गहरी लेयर थीं। ऐसी प्रैक्टिस जिनके बारे में खुलकर बात नहीं होती थी। प्रार्थनाएँ। स्पिरिचुअल एक्सरसाइज। जिसे ईसा ने बाद में बिना किसी झिझक के "गहरा सीक्रेट हिस्सा" बताया।

गंभीरता के भूखे एक युवा लड़के के लिए, यह शक्ति थी।

इमाम सिर्फ़ एक धार्मिक नेता नहीं थे। वे ज्ञान के द्वारपाल थे। एक ऐसा आदमी जिस पर दूसरों की पहुँच से दूर भरोसा किया जा सके।

तो जब ईसा की आध्यात्मिक यात्रा में तनाव बढ़ने लगा, तो यह अजनबियों के साथ तनाव नहीं था। यह किसी ऐसे व्यक्ति के साथ तनाव था जिसके हाथों ने उन्हें बनाया था।

और फिर रुकावट आ गई।

ईसा ने जो देखा, उसकी भाषा को कभी नरम नहीं किया। वह इसे सपने या रूपक के रूप में पेश नहीं करते। वह साफ-साफ कहते हैं:

"मैंने स्वर्ग से आग देखी।"

वह रथों का वर्णन करता है।
आग का रथ।
अवरोही.
उसने उसे हमला करते देखा।
इमाम बेहोश हो गए।
दूसरों ने वह नहीं बताया जो उसने बताया। आस-पास के लोगों ने बाद में इमाम के शरीर पर फोड़े होने की बात कही। सूजन। शारीरिक लक्षण। उन्होंने आग की बात नहीं की। उन्होंने रथों की बात नहीं की।
ईसा इस अंतर पर ज़ोर देते हैं:
उसने आग देखी।
उन्होंने फोड़े देखे।
इमाम की मृत्यु हो गई।
उस पल ने उसके अंदर कुछ तोड़ दिया।
यह वही आदमी था जिसने उसे छिपी हुई प्रथाओं से मिलवाया था, जो उस सिस्टम में अधिकार का प्रतीक था। अगर उस अधिकार को हासिल किया जा सके — अगर उस आध्यात्मिक ढांचे में सेंध लगाई जा सके — तो कुछ बड़ा काम कर रहा था।
लेकिन यही बात इस कहानी को सच्चा बनाती है।
उस दिन उसने धर्म परिवर्तन नहीं किया।
तुरंत कोई सरेंडर नहीं हुआ। तुरंत वफ़ादारी नहीं बदली। किसी नए विश्वास में कोई इमोशनल गिरावट नहीं आई।
इसके बजाय, कुछ और खतरनाक हुआ।
वह कठोर हो गया।
इस टकराव ने उसे नरम नहीं किया। इसने उसे और तेज़ कर दिया। जब कोई सिस्टम हिलता है, तो कुछ लोग भाग जाते हैं। दूसरे और मज़बूत हो जाते हैं। ईसा ने और मज़बूती दिखाई। उसका अनुशासन बढ़ा। उसका इरादा और मज़बूत हुआ। उसकी मिलिटेंट पहचान और तेज़ हुई।

आग ने कुछ उजागर कर दिया - लेकिन उजागर करने से स्वतः ही आज्ञाकारिता उत्पन्न नहीं होती।

उस दिन जो मरा वह सिर्फ एक गुरु नहीं था।

यह निश्चितता थी।

लेकिन निश्चितता के पतन का अर्थ निष्ठा का पतन नहीं है - तत्काल नहीं।

आग एकदम सही थी। यह भीड़ के लिए कोई नाटक नहीं था। यह एक ऐसे आदमी के लिए टारगेटेड रुकावट थी जिसकी नींव उस मेंटर के अधिकार पर बनी थी।

और फिर भी आग देखने के बाद भी।

मौत देखने के बाद भी।

गड़बड़ी महसूस होने के बाद भी।

उसने जारी रखा।

इसीलिए अगला टकराव और गहरा होना था। बाहरी आग नहीं। दिखने वाला दिखावा नहीं। कुछ ऐसा जो बनावट से आगे बढ़कर वफ़ादारी में घुस जाए।

आग ने गुरु को भी चपेट में ले लिया।

लेकिन सरेंडर अभी भी आ रहा था।

अध्याय 8

नौ बार उन्होंने उसे मारने की कोशिश की

जब 1982 में ईसा ने सरेंडर किया, तो आध्यात्मिक लड़ाई शांत नहीं हुई।

यह सामने आया।

वह अंदर के आदमी से दुश्मन बन गया था।

वह अब सिर्फ एक मुसलमान नहीं रह गया था।

वह अब सिर्फ एक मिलिटेंट नहीं था।

वह पहले एक स्ट्रेटजिस्ट थे जो अब क्राइस्ट का प्रचार करते थे।

और इसी वजह से वह खतरनाक हो गया।

उन्होंने साफ़-साफ़ कहा है: उनकी जान पर नौ बार जानलेवा हमला हुआ।

धमकियां नहीं.

प्रयास.

पहले बड़े हमले में गोलीबारी शामिल थी।

उन्होंने बताया कि जिहादियों से उनका सीधा सामना हुआ। ये अनजान दुश्मन नहीं थे। उनमें से कुछ समझ गए थे कि वह कौन था। वे उसकी ट्रेनिंग जानते थे। वे उसका रोल जानते थे। वे उसकी स्ट्रेटेजिक सोच जानते थे।

गोलियां चलाई गईं।

उन्होंने बताया कि गोलियां उनके शरीर में घुस गईं।

हमले के दौरान, उनके सिर पर मेटल से ज़ोरदार वार भी किया गया।

उन्होंने बताया कि यह चोट बहुत गंभीर थी। खून तुरंत और तेज़ी से

बहने लगा। इतना ज़्यादा खून बह रहा था कि देखने वालों को पक्का यकीन हो गया कि खोपड़ी कुचल गई है।

वह गिर पड़ा।

वहां मौजूद लोगों ने मान लिया कि वह मर चुका है।

उसे एक गाड़ी में ऐसे बिठाया गया जैसे वह खत्म हो गया हो।

परिवहन किया गया।

उम्मीद में छोड़ दिया गया।

लेकिन वह मरा नहीं।

सिर से खून बहने के बावजूद, गोलीबारी के बावजूद, हमले के बावजूद - वह बच गया।

बाद में उन्होंने बताया कि उनके शरीर से गोलियां निकाल दी गई थीं।

वह बच गया।

उन्होंने कहा कि ज़िंदा रहना एक मौका नहीं, बल्कि एक दखल है।

अगली बड़ी कोशिश ज़हर देकर की गई।

उसे खाना दिया गया।

उसने बिना किसी शक के उसे खा लिया।

इसे तैयार करने वाले लोगों को उम्मीद थी कि कुछ ही घंटों में उसकी जान चली जाएगी।

वे इंतज़ार करते रहे।

वह गिरा नहीं।

उन्होंने ज़्यादा इंतज़ार किया।

वह जीवित रहा।

उनके अनुसार, ज़हर देने वाले लोग बाद में लौटे और उन्होंने माना कि उन्होंने क्या किया था। उन्हें उम्मीद थी कि वे एक लाश देखेंगे। इसके बजाय, उन्होंने उसे काम करते हुए देखा।

वह इसके नतीजे को तबाही के उलट बताते हैं।

उनका कहना है कि कमज़ोर होने के बजाय उनका शरीर मज़बूत हुआ।

हमलावरों ने इसे नॉर्मल रिकवरी नहीं समझा।

इससे दुश्मनी और गहरी हो गई।
कोशिशें जारी रहीं।
वह शिकार किए जाने के बारे में बताता है।
वह एक जगह से दूसरी जगह जाने का वर्णन करता है।
उन्होंने बताया कि वे गांवों में प्रचार करते थे और बदले की कार्रवाई शुरू होने से पहले ही वहां से चले जाते थे।
वह बताता है कि वह चुपके से काम करता था क्योंकि विश्वासियों के पास रहने से उन्हें खतरा हो सकता था। ईसाई लोग उससे मिलने से डरते थे क्योंकि उसके पहले के बैकग्राउंड ने उसे हिंसक प्रतिक्रिया के लिए एक चुंबक बना दिया था।
उन्होंने कहा कि किसी मुसलमान को धर्म बदलना एक बड़ी लड़ाई है। कन्वर्ट को बनाए रखना दूसरी बात है।
यह दुश्मनी इमोशनल नहीं थी।
यह स्ट्रेटेजिक था।
उनका कहना है कि कुछ लेवल पर सिस्टम और सरकारी ढांचे शामिल हो गए। दबाव अलग-थलग पड़े मिलिटेंट्स से भी ज़्यादा बढ़ गया। एक समय ऐसा आया जब खतरे की गंभीरता को देखते हुए दखल देने की ज़रूरत पड़ी।
उन्होंने बताया कि प्रेसिडेंट लेवल के इंतज़ामों की वजह से उन्हें यूनाइटेड स्टेट्स ले जाया गया।
हटाने की ज़रूरत सुविधा के लिए नहीं थी।
यह ज़िंदा रहने के लिए था।
इसके बाद मेडिकल मदद ली गई।
वह बच गया।
उन्होंने पैटर्न को साफ़-साफ़ बताया:
गोलियों से वह गिर नहीं सका।
ज़हर ने उसे खत्म नहीं किया।
घात लगाकर हमला करने से वह खत्म नहीं हुआ।

नौ प्रयास।

नौ असफलताएं।

वह हर एक को ईश्वरीय बचाव का श्रेय देते हैं।

जो मिलिटेंट कभी जिहाद को आगे बढ़ाता था, अब एक क्रिश्चियन लीडर के तौर पर लगातार खतरे में था।

और फिर भी, वह ज़िंदा रहा।

अध्याय 9

छिपे हुए शिष्य और आड़ में वफ़ादारी

हत्या की कोशिशों के बाद, गोलियों और ज़हर के बाद, दूसरी जगह जाने और बचने के बाद, ईसा की ज़िंदगी में एक अलग तरह का तनाव आ गया।

पब्लिक कन्वर्ज़न एक लड़ाई है।

खराब माहौल में भी लगातार वफ़ादारी बनाए रखना एक और बात है।

अपनी गवाही में, उन्होंने ऐसे माहौल में रहने की मुश्किलों के बारे में बताया, जहाँ एक्सपोज़र का मतलब तुरंत मौत हो सकती थी - न सिर्फ़ उनके लिए, बल्कि उनसे जुड़े दूसरे लोगों के लिए भी।

उन्होंने सावधानी से काम करने की बात कही।

उन्होंने कम मेलजोल की बात की क्योंकि मानने वालों को डर था कि पास रहने से वे टारगेट बन सकते हैं।

उन्होंने बताया कि वे "बीच में" जी रहे थे — शुरू में उनके पुराने मिलिटेंट स्टेटस की वजह से ईसाइयों ने उन पर पूरा भरोसा नहीं किया, और उनकी नई वफ़ादारी की वजह से जिहादी उनका पीछा कर रहे थे।

यह शिष्यत्व के एक ऐसे पहलू को सामने लाता है जिसे अक्सर गलत समझा जाता है:

छिपी हुई वफ़ादारी ज़रूरी नहीं कि समझौता हो।

धर्मग्रंथ में भी ऐसे ही पैटर्न दर्ज हैं।

निकोदेमुस रात में आया।

अरिमथिया का जोसेफ दफ़नाए जाने तक चुपके से उनके पीछे-पीछे चलता रहा।

एस्तेर ने समय मिलने तक अपनी पहचान छिपाई।

नामान ने एक विदेशी मंदिर में एक राजा के पास खड़े होकर भी इस्राएल के परमेश्वर के प्रति वफ़ादारी की कसम खाई।
छिपा हुआ शिष्यत्व इनकार नहीं है।
यह सर्वाइवल है जबकि वफ़ादारी अंदर ही अंदर बदलती रहती है।
जिन इलाकों में इस्लाम का सामाजिक और राजनीतिक ढांचा है, वहां कुछ धर्म बदलने वाले लोग तुरंत अपना माहौल नहीं छोड़ते।
कुछ लोग बाहर से मस्जिदों में जाते रहते हैं, जबकि अंदर से मसीह के ज़रिए प्रार्थना करते हैं।
यह कोई धार्मिक उलझन नहीं है।
यह स्ट्रेटेजिक सर्वाइवल है।
ईसा ने इस सच्चाई के बारे में बताया कि किसी मुसलमान को बदलना एक टकराव है।
उस धर्म बदलने वाले को ज़िंदा रखना और विश्वास में स्थिर रखना दूसरी बात है।
लड़ाई कबूलनामे पर खत्म नहीं होती।
यह और तेज़ हो जाता है।
कुछ विश्वासी ऐसे भी हैं जो सिस्टम के अंदर ही रहते हैं, जबकि उनकी वफ़ादारी बदल गई है।
वे अलग तरह से प्रार्थना करते हैं।
वे अलग तरह से विश्वास करते हैं। वे मन ही मन मसीह को मानते हैं। वे सावधानी से काम करते हैं।
ये कोई मनगढ़ंत बातें नहीं हैं।
वे दुश्मनी वाले इलाकों में तनाव में जी रहे हैं।
ईसा की कहानी यह नहीं बताती कि पब्लिक में दिखावा ही वफ़ादारी का एकमात्र तरीका है।
यह दिखाता है कि वफ़ादारी पहले आध्यात्मिक होती है, फिर दिखने वाली।
कुछ शिष्यों को चुपचाप चलना चाहिए।

कुछ लोगों को पब्लिकली आगे बढ़ना होगा।
यह समझने की बुद्धि कि क्या ज़रूरी है, कमज़ोरी नहीं है - यह मैच्योरिटी है।
एक समय ईसाइयों को नष्ट करने के लिए प्रशिक्षित आतंकवादी अब कुछ अलग समझ रहा था:
हर लड़ाई एक्सपोज़र के साथ नहीं लड़ी जाती।
कुछ का मुकाबला धीरज से किया जाता है।

अध्याय 10

अस्तित्व से संरचना तक: मंत्रालय का आदेश

सिर्फ़ ज़िंदा रहना ही विरासत नहीं है।
कई लोग हमलों में बच जाते हैं।
बाद में कुछ ही लोग संस्थाएँ बनाते हैं।
हत्या की कोशिशों के बाद, निकाले जाने के बाद, मेडिकल रिकवरी के बाद, धमकी के बीच सालों तक प्रचार करने के बाद, ईसा की कहानी छिपने में खत्म नहीं हुई।
यह स्ट्रक्चर में बदल गया।

उन्होंने कोई पर्सनैलिटी प्लेटफॉर्म नहीं बनाया।
उन्होंने एक कमीशन बनाया।
उस कमीशन को **इवेंजेलिकल बाइबिल आउटरीच मिनिस्ट्रीज़ इंटरनेशनल (EBOMI) के नाम से जाना जाता है** ।
जैसा कि पब्लिकली कहा गया है, इसका मैंडेट साफ़ है:
विश्वासियों, चर्च के नेताओं, सरकारी कर्मचारियों और राजनीतिक हस्तियों को इकट्ठा करना, ट्रेनिंग देना, तैयार करना और ताकत देना ताकि वे अपनी भविष्यवाणी की किस्मत में चल सकें और जिसे मिनिस्ट्री शुद्ध गॉस्पेल कहती है, उसका प्रचार कर सकें — यानी मध्यस्थता और नई जान डालकर राज्य के विकास को तेज़ करना।
मिनिस्ट्री की भाषा उनके जीवन की एक लगातार थीम को दिखाती है: वॉचमैन।
वेबसाइट में यहेजकेल 33:7, यहेजकेल 22:26–30, और यशायाह 62:6 का ज़िक्र है — ये हिस्से पहरेदारों को सिस्टम के गिरने पर मदद के लिए खड़े होने के लिए कहते हैं।
संदेश पैसिव ईसाई धर्म नहीं है।
यह ज़िम्मेदारी है।
उन्होंने सार्वजनिक रूप से कहा है:
"जब मैं इस्लामिक जिहाद से बच गया, तो भगवान ने मुझसे कहा, बेटा जाओ और पहरेदारों को उकसाओ कि वे अपनी जगह ले लें ताकि मैं लोगों को खत्म न कर दूं।"
भाषा सीधी है।
यह आदेश टकराव वाला है।
ज़ोर "प्राचीन स्थलों" के जीर्णोद्धार पर है।
EBOMI का हेडक्वार्टर जोस, प्लेटो स्टेट, नाइजीरिया में है।
यह इस तरह काम करता है:

- एक चर्च मिनिस्ट्री।
- एक ट्रेनिंग कमीशन।

- एक रिवाइवल प्लेटफॉर्म।
- एक भविष्य बताने वाला मोबिलाइज़ेशन स्ट्रक्चर।

लेकिन कहानी उपदेश पर ही खत्म नहीं होती।

इसका एक दूसरा पहलू भी है: मानवीय जुड़ाव।

एल- बूबा फाउंडेशन के ज़रिए , आउटरीच प्रैक्टिकल सर्विस तक फैली हुई है।

आपने कहा — और इसे ध्यान से शामिल किया जाना चाहिए — कि 80% से ज़्यादा बेनिफिशियरी मुस्लिम हैं।

यह डिटेल मायने रखती है।

पहले का मिलिटेंट अब उन कम्युनिटीज़ को खाना खिलाता है, पढ़ाता है और ताकत देता है जिनमें ज़्यादातर वही धार्मिक ग्रुप शामिल हैं जिनका उसने कभी ज़ोरदार बचाव किया था।

फाउंडेशन इस तरह काम करता है:

- शिक्षण संस्थानों।
- कृषि पहल।
- खेती के लिए दिए गए खेत और ज़मीन।
- गरीबों और ज़रूरतमंदों के लिए मदद।

जिन लोगों को सपोर्ट किया गया है उनमें से कई मुस्लिम हैं।

यह कोई विचारधारा वाली बात नहीं है।

यह सामाजिक बदलाव है।

जो आदमी कभी चर्चों को नष्ट करने के लिए ट्रेंड था, अब स्कूल चलाता है।

पूर्व जिहादी अब गरीबों को खेती की ज़मीन देता है।

सेवा, आक्रामकता की जगह ले लेती है।

उग्रवाद की जगह स्ट्रक्चर ने ले ली है।

प्रावधान हिंसा की जगह ले लेता है।

यहां तक कि उनके अपने घर में भी बंटवारे और साथ रहने की कहानी बनी हुई है।

आपने बताया कि उनका परिवार बंटा हुआ है - कुछ मुस्लिम, कुछ ईसाई - फिर भी वे एक साथ खाना खाते हैं।
वह डिटेल पावरफ़ुल है।
यह दिखाता है कि कन्वर्ज़न से रिलेशनल कनेक्शन नहीं मिटा।
वफ़ादारी बदल गई।
इंसानी इज़्ज़त बनी रही।
यह चैप्टर ज़रूरी है क्योंकि यह कहानी को सिर्फ़ ज़ुल्म पर खत्म होने से रोकता है।
यह फल दिखाता है।
यह इंफ्रास्ट्रक्चर दिखाता है।
यह इंस्टीट्यूशनल कंटिन्यूटी दिखाता है।
यह दिखाता है कि डिसिप्लिन्ड ट्रेनिंग, जब रीडायरेक्ट की जाती है, तो समाज पर हमला करने के बजाय उसे बना सकती है।

भाग I का निष्कर्ष

निष्ठा क्या पैदा करती है

पांच साल का बच्चा जो उपवास कर रहा है।

एक लड़ाकू किशोर। आग में झुलसा एक गुरु। एक आदमी जिसने नरक देखा। 1982 में आत्मसमर्पण। नौ हत्या की कोशिशें। गोलियां। ज़हर। निकासी। ज़िंदा रहना।

और तब-

स्कूल।

खेत। फाउंडेशन का काम। चौकीदारों को इकट्ठा किया गया। मुस्लिम समुदायों की सेवा की गई। एक बंटा हुआ परिवार अभी भी एक ही टेबल पर खाना खा रहा है।

कहानी हिंसा को महिमामंडित नहीं करती।

यह बनावट को दिखाता है।

यह ज़ुल्म को रोमांटिक नहीं बनाता।

यह सहनशक्ति दिखाता है।

यह धर्म बदलने को बचने के तरीके के तौर पर नहीं दिखाता।

यह इसे नतीजे के साथ वफ़ादारी के ट्रांसफर के तौर पर दिखाता है।

अब सवाल पाठक के पास वापस आता है:

अगर सख्त अनुशासन से तबाही हो सकती है, तो

मसीह के प्रति अनुशासित वफ़ादारी से क्या हो सकता है?

पार्ट II कोई सुझाव नहीं है।

यह जवाब है।

लिविंग एपिस्टल्स – 40 दिन की भक्ति सीरीज़ - 3 स्टडी शुरू होती है…

>>>>>

इस भक्ति का उपयोग कैसे करें

व्यक्तियों, परिवारों और समुदायों के लिए एक फॉर्मेशन गाइड

यह 40 दिन की यात्रा खत्म करने के लिए नहीं बनाई गई है।
यह आपको आकार देने के लिए डिज़ाइन किया गया है।
यह कोई रीडिंग शेड्यूल नहीं है।
यह एक फॉर्मेशन पाथवे है।
धीरे-धीरे चलो।
ईमानदारी से चलो। सोच-समझकर चलो।

व्यक्तियों के लिए

इस भक्ति का मतलब है कि इसे एक बार में एक दिन जीना चाहिए।
तेज़ नहीं।
स्टैक्ड नहीं। जल्दबाज़ी नहीं।

एक सुझाया गया डेली रिदम (20–30 **मिनट)**

हर दिन में शामिल हैं:

• एक कहानी का सहारा
• दो धर्मग्रंथ (पुराना और नया नियम) • सबक • सोचने के लिए सवाल
• एक घोषणा • एक प्रार्थना • एक एक्शन स्टेप

इस क्रम में उनमें आगे बढ़ें:

1. **धीरे-धीरे पढ़ें**

ऊपर-ऊपर से मत पढ़ो।
खास बातें मत खोजो। ऐसे पढ़ो जैसे तुम्हारी ज़िंदगी की जांच हो रही हो — क्योंकि हो रही है।

2. **पवित्र शास्त्रों के साथ बैठें**

अगर हो सके तो दोनों हिस्से ज़ोर से पढ़ें।
टेंशन पर ध्यान दें। रुकावट पर ध्यान दें। यकीन पर ध्यान दें।
वचन से अपना बचाव मत करो।

3. **बिना प्रदर्शन के प्रतिबिंबित करें**

ये सवाल दिमागी दिखावे के लिए नहीं हैं।
ये आईने हैं।
कम शब्दों में जवाब दें।
ईमानदारी से जवाब दें। आपको ग्रेड नहीं दिया जा रहा है - आपको बनाया जा रहा है।

4. **इरादे के साथ घोषणा करें**

ये घोषणाएँ मोटिवेशनल स्टेटमेंट नहीं हैं।
ये अलाइनमेंट स्टेटमेंट हैं।
उन्हें धीरे-धीरे बोलें।
अपनी भावनाओं से पहले अपनी इच्छा को सहमत होने दें।

5. एक्शन स्टेप का पालन करें

हर दिन आज्ञा मानने का एक छोटा सा काम शामिल होता है।
इसे चुपचाप करो।
इसकी घोषणा न करें।
इसे पोस्ट न करें। इसे ड्रामेबाज़ी न करें।
गठन छिपी हुई आज्ञाकारिता में होता है।

व्यक्तिगत उपयोग के लिए आसन

इस भक्ति को अपना काम करने के लिए:
• हर दिन सिर्फ़ एक दिन पढ़ें
• आगे बढ़ने की इच्छा को रोकें • इमोशनल अनुभव न करें - तालमेल बिठाने की कोशिश करें • सिर्फ़ वही लिखें जो बात मानने को साफ़ करे
• अगर कोई दिन आपको बहुत ज़्यादा दोषी महसूस कराता है, तो 24–48 घंटे वहीं रहें
बदलाव को स्पीड से नहीं मापा जाता।

परिवारों के लिए

इस सफ़र का इस्तेमाल उन परिवारों में भी किया जा सकता है जो अलग-अलग विश्वास, पीढ़ियों के बीच तनाव, या विरासत में मिली आस्था के स्ट्रक्चर से जूझ रहे हैं।

सुझाई गई लय:

- हर व्यक्ति रोज़ाना की रीडिंग खुद पूरी करे।
- हफ़्ते में एक बार, सिर्फ़ वही शेयर करें जिसका सामना खुद हुआ हो।
- कोई करेक्शन नहीं। कोई टीचिंग नहीं। कोई डिबेट नहीं।

प्रोसेस का सम्मान करें।

फॉर्मेशन बहस से बच नहीं सकता।

छोटे ग्रुप्स और शिष्य मंडलियों के लिए

यह भक्ति इन चीज़ों में बहुत असरदार तरीके से काम करती है:

• लीडरशिप ग्रुप

• प्रेयर कम्युनिटी • इंटरसेशन ग्रुप • डिसिप्लिन टीम • स्पिरिचुअल फॉर्मेशन सर्कल

अनुशंसित संरचना

रोज़ाना मिलने के बजाय, ग्रुप्स को ये करना चाहिए:

• अकेले में पाँच भक्ति दिवस पूरे करें

• हफ़्ते में एक बार इकट्ठा हों • आराम करने या बातचीत करने के लिए एक दिन छोड़ दें

इससे बात मानने की प्रैक्टिस पर्सनली और प्रोसेस कॉर्पोरेटली की जा सकती है।

60-90 **मिनट का समूह प्रवाह**

1. **पांच मिनट का मौन,**

कोई अपडेट नहीं। कोई घोषणा नहीं। कमरे को शांत होने दें।

2. **शेयर्ड रिफ्लेक्शन (कोई कमेंट्री नहीं)**

हर व्यक्ति सिर्फ़ जवाब देता है: • इस हफ़्ते मुझे किस बात ने एक्सपोज़ किया? • मैंने कहाँ विरोध किया? • भगवान ने क्या साफ़ किया?

कोई टीचिंग नहीं।

कोई फिक्सिंग नहीं। कोई क्रॉस-टॉक नहीं।

3. **पवित्रशास्त्र का पुनः-पाठ**

पुराने नियम और नए नियम के एक अंश को फिर से जोर से पढ़ें।

पूछें:

• किस अलाइनमेंट की ज़रूरत है? • कौन सा फल बनना शुरू हो रहा है?

4. **प्रार्थना**

आज्ञाकारिता के लिए प्रार्थना करें – आराम के लिए नहीं। एक साथ संरेखण की घोषणा करें।

समूह अनुबंध (गैर-परक्राम्य)

इसे एक फॉर्मेशन माहौल बनाए रखने के लिए:

• एक दूसरे को सुधारना नहीं

• बिना माँगे सिखाना नहीं • बिना बुलाए सलाह नहीं • ग्रुप के बाहर कुछ शेयर नहीं करना • आध्यात्मिक तुलना नहीं

यह पवित्र भूमि है।

इसे बचाओ।

नेताओं और सुविधाकर्ताओं के लिए

अगर आप इस सफ़र में दूसरों को गाइड कर रहे हैं:
आपका काम हावी होना नहीं है।
आपका काम पेस और माहौल को बनाए रखना है।
• ईमानदारी की मिसाल बनें
• शांति बनाए रखें • मुश्किल पलों में जल्दबाज़ी न करें • सोच-विचार को उपदेश में बदलने से बचें
यह किताब क्षमता से पहले चरित्र बनाती है।
अगर बिना कैरेक्टर के कैपेसिटी बढ़ती है, तो पतन होता है।

यह किताब क्या है — और क्या नहीं है

यह किताब है:
• एक स्ट्रक्चर्ड फॉर्मेशन पाथवे
• एक डिसाइपलशिप इंस्ट्रूमेंट • लॉयल्टी का सामना • एंड्योरेंस के लिए एक ट्रेनिंग ग्राउंड
यह किताब नहीं है:
• एक थियोलॉजी टेक्स्टबुक
• एक मोटिवेशनल डिवोशनल • एक पर्सनैलिटी-सेंटर्ड स्टडी • टेस्टीमनी का एक तमाशा
इसे निशान छोड़ने के लिए डिज़ाइन किया गया है, छाप छोड़ने के लिए नहीं।

अंतिम शब्द

चाहे आप इस सफ़र पर अकेले चलें या कम्युनिटी में, ज़िम्मेदारी एक ही है:
आपसे कहानी की तारीफ़ करने के लिए नहीं कहा गया है।
आपसे अपनी वफ़ादारी की जांच करने के लिए कहा गया है।

धीरे-धीरे पढ़ें।
चुपचाप बात मानें। लगातार सहें।
दुनिया आपकी ज़िंदगी पढ़ रही है।
पढ़ने लायक बनें।

भाग II

40-दिवसीय रणनीतिक निष्ठा यात्रा

आग झेलने के लिए बनाया गया - चौकीदार की ज़िम्मेदारी

वॉचमैन की थीम कविता जैसी भाषा नहीं है।
यह ज़िम्मेदारी है।
यहेजकेल 33:7 में ऐसे व्यक्ति के बारे में बताया गया है जो खतरा देखता है और बोलना चाहता है।
ईसा की मिनिस्ट्री इस पीढ़ी को एक ऐसी पीढ़ी के तौर पर दिखाती है जिसमें पुजारियों ने समझौता किया, पैगंबर भटक गए, नेताओं पर ज़ुल्म किया गया, और लोगों ने पवित्रता छोड़ दी।
यह विफलता केवल नेताओं के बीच ही नहीं थी।
यह उन चौकीदारों में से था जिन्होंने अपनी पोस्ट छोड़ दी थी।
पार्ट II तारीफ़ नहीं है।
यह पोजिशनिंग है।
चालीस दिनों तक आप वह बनाएंगे जिसे आपने नज़रअंदाज़ किया होगा।

आप इमोशन के पीछे नहीं भागेंगे।
आप स्ट्रक्चर के पीछे भागेंगे।
आप अनुभव के पीछे नहीं भागेंगे।
आप सहनशक्ति बढ़ाएंगे।
आप उग्रवाद की नकल नहीं करेंगे।
आप अनुशासित निष्ठा विकसित करेंगे।
यह ज़ोर से बोलने के बारे में नहीं है।
यह स्टेबल होने के बारे में है।
अगले चालीस दिन कोई सिंबॉलिक नहीं हैं।
वे आर्किटेक्चरल हैं।
पार्ट I में आपको आग में तपती ज़िंदगी दिखाई गई।
पार्ट II आपको ऐसा बनाने में मदद करेगा जो आग लगने पर भी खड़ा रहे।
कृपया पृष्ठ पलटें।

दिन 1

आग से पहले गठन

कहानी एंकर

इससे पहले कि ईसा ने स्वर्ग देखा।
इससे पहले कि वह नरक देखे।
इससे पहले कि वह स्वर्ग से आग देखता।
इससे पहले कि वह गोलियों से बच पाता।
वह बना था।

उनके पिता ने घर में स्ट्रक्चर बनाया था।
प्रार्थना डिसिप्लिन में थी। रूटीन से कोई समझौता नहीं किया जा सकता था। धार्मिक गंभीरता को लागू किया जाता था।
पांच साल की उम्र तक उपवास शुरू हो गया था।
किशोरावस्था तक, दोहराव पहचान बन गया था।
जब संकट आया, तो उन्होंने बिना सोचे-समझे रिएक्ट नहीं किया।
उन्होंने सोच-समझकर रिएक्ट किया।
आग से ताकत पैदा नहीं हुई।
फॉर्मेशन ने किया।

धर्मग्रंथ एंकर

पुराना नियम

"यदि नींव ही नष्ट हो जाए, तो धर्मी क्या कर सकता है?"
— भजन 11:3
आग से नींव उजागर हो जाती है।

नया करार

"जो कोई मेरी ये बातें सुनता है और उन्हें मानता है... वह उस बुद्धिमान व्यक्ति के समान होगा जिसने अपना घर चट्टान पर बनाया।"
— मैथ्यू 7:24
तूफ़ान आने से पहले ही सहनशक्ति बन जाती है।

पाठ

आप अपनी इच्छा के लेवल तक नहीं पहुंच पाएंगे।
आप अपने फॉर्मेशन के लेवल तक गिर जाएंगे।
ईसा के शुरुआती गठन ने मिलिटेंट इंटेंसिटी बनाई।
बाद में, ईसाई अनुशासन को फिर से बनाना पड़ा।
आपके लिए सबक:

दबाव में आकर आम विश्वास टूट जाता है।
अनुशासित विश्वास इससे बच जाता है।
आप नींव बनाने के लिए संकट का इंतज़ार नहीं कर सकते।

चिंतन प्रश्न

1. मेरी अभी की आध्यात्मिक नींव किस पर बनी है?
2. अगर मुझ पर ज़ुल्म या दबाव आया, तो कौन सी आदतें मेरा साथ देंगी?
3. क्या मेरी प्रार्थना अनुशासित है या भावनात्मक?
4. क्या मैं अपनी भक्ति से ज़्यादा चर्च में होने वाली सभाओं पर भरोसा करता हूँ?
5. कौन सा रोज़ का स्ट्रक्चर मेरी वफ़ादारी को आकार दे रहा है?

अपने जवाब लिखें।

घोषणा

खड़े हो जाओ और घोषणा करो:
"मेरी नींव अचानक नहीं बनेगी।
मैं तूफ़ान से पहले बना लूँगा। मेरी वफ़ादारी तय होगी। मेरा विश्वास दबाव में नहीं टूटेगा।"
इसे धीरे-धीरे दोहराएं।

संरचित प्रार्थना (30 मिनट)

1. आराधना (10 मिनट)

मसीह को अपना आधार मानें।

2. पछतावा (10 मिनट)

आध्यात्मिक रूप से कमज़ोर और आलस्य को कबूल करें।

3. अलाइनमेंट (10 मिनट)

भगवान से प्रार्थना करें कि वह आपकी रोज़मर्रा की ज़िंदगी में अनुशासन लाए।

कार्रवाई के बिंदु

आज आप:

1. रोज़ प्रार्थना का समय तय करें (कम से कम 20 मिनट)।
2. 30 दिनों तक लगातार पढ़ने के लिए एक गॉस्पेल चुनें।
3. एक ऐसी चीज़ हटा दें जो ध्यान भटकाती है और जिससे ध्यान कमज़ोर होता है।
4. एक पर्सनल स्पिरिचुअल शेड्यूल लिखें और उसे साफ़-साफ़ पोस्ट करें।
5. किसी को बताएं कि आप डिसिप्लिन्ड ग्रोथ के लिए कमिटेड हैं।

दिन 2

वह शांत शक्ति जो वातावरण बदल देती है

कहानी एंकर

घर में पहली बातचीत ज़ोरदार नहीं थी।
यह मिलिटेंट नहीं था।
यह टकराव वाला नहीं था। इसने तुरंत बदलाव की मांग नहीं की।
वह एक माँ थी।
वह घर से बाहर नहीं निकलीं।
उन्होंने पब्लिक में बहस नहीं की। उन्होंने ज़िम्मेदारी नहीं छोड़ी।
वह वहीं रही।
एक सख्त इस्लामिक घर के अंदर।
अंदर टेंशन। अंदर रिस्क।
उसका धर्म परिवर्तन बहस से शुरू नहीं हुआ।
इसकी शुरुआत कंसिस्टेंसी से हुई।
कभी-कभी इतिहास ताकत से नहीं,
बल्कि चुपचाप सब्र रखने से बदलता है।

धर्मग्रंथ एंकर

पुराना नियम

"बुद्धि से घर बनता है, और समझ से घर स्थिर होता है।"
— नीतिवचन 24:3

हर नींव मजबूती से नहीं बनती।
कुछ नींव स्थिरता से बनती हैं।

नया करार

"इसी प्रकार, हे पत्नियों, तुम भी अपने पतियों के अधीन रहो, ताकि यदि उनमें से कुछ वचन को न भी मानें, तो भी वे अपनी पत्नी के चालचलन के द्वारा बिना वचन के ही जीते जाएं।"
— 1 पतरस 3:1

बदलाव हमेशा ज़ोरदार नहीं होता।
इसे अक्सर देखा जाता है।

पाठ

शक्ति हमेशा खुद को घोषित नहीं करती।
कभी-कभी यह टिक जाता है।
माँ ने ज़बरदस्ती धर्म नहीं बदला।
उसने पक्के यकीन का उदाहरण दिया।
उसने खुद को मुश्किल से दूर नहीं किया।
वह उसके अंदर ही रही।
कई विश्वासी मानते हैं कि बचना ही विश्वास है।
लेकिन कभी-कभी धीरज ही विश्वास होता है।
आपका घर.
आपका काम करने की जगह. आपका माहौल.
हो सकता है कि आप अपने आस-पास के स्ट्रक्चर को कंट्रोल न कर पाएं।
लेकिन आप इसके अंदर अपनी कंसिस्टेंसी को कंट्रोल करते हैं।

चिंतन प्रश्न

1. भगवान ने मुझे कहाँ रखा है जो मुझे दुश्मनी भरा या आध्यात्मिक रूप से सूखा महसूस कराता है?

2. क्या मैंने सहने के बजाय भागने की कोशिश की है?
3. क्या मेरा व्यवहार बदलाव दिखाता है?
4. क्या मेरे साथ रहने वाला कोई मेरे प्रचार किए बिना मसीह को देख पाएगा?
5. क्या मैं अनदेखा होने पर भी एक जैसा रहता हूँ?

अपने जवाब धीरे-धीरे लिखें।

घोषणा

ज़ोर से कहो:

"मैं अपना पद नहीं छोड़ूंगा।
मेरी लगन बोलेगी। मेरा व्यवहार मसीह को दिखाएगा। मैं बिना किसी समझौते के टिकूंगा।"

इसे जानबूझकर दोहराएं।

संरचित प्रार्थना (30 मिनट)

1. पूजा (10 मिनट)

भगवान को उस माहौल के लिए धन्यवाद दें जिसमें उन्होंने आपको रखा है।

2. सरेंडर (10 मिनट)

मुश्किल माहौल को लेकर अपनी फ्रस्ट्रेशन को बाहर निकालें।

3. ताकत (10 मिनट)

शांत धीरज और पक्के यकीन के लिए कहें।

कार्रवाई के बिंदु

आज आप:

1. एक ऐसा रिश्ता चुनें जहाँ आप बहस से नहीं, बल्कि व्यवहार से मसीह को अपना आदर्श मानेंगे।

2. एक रिएक्टिव आदत (शिकायत करना, कठोर बोलना, टालमटोल करना) हटा दें।
3. कंसिस्टेंसी के बारे में एक लाइन का कमिटमेंट लिखें और उसे कहीं दिखने वाली जगह पर पोस्ट करें।
4. अपने आस-पास के किसी ऐसे व्यक्ति के लिए खास तौर पर प्रार्थना करें जो आपसे सहमत नहीं है।
5. अगले 7 दिनों तक बिना पीछे हटे, आप जहां हैं, वहीं वफ़ादार बने रहने का वादा करें।

तीसरा दिन

दृढ़ विश्वास जो तलवार से बच जाता है

कहानी एंकर

जब यकीन शांत सहनशीलता से साफ़ ऐलान की ओर बढ़ा, तो रिएक्शन और तेज़ हो गया।
एक बेटे ने अलग तरह से चुना।
यह फ़ैसला थ्योरेटिकल नहीं था।
यह पब्लिक था।
और जवाब भी हल्का नहीं था।
एक तलवार उठाई गई।
वफ़ादारी की कीमत तुरंत चुकानी पड़ी।
जब तक सज़ा प्राइवेट है, तब तक उसे बर्दाश्त किया जाता है।
जब यह दिखाई देता है तो इसका विरोध किया जाता है।
जो विश्वास चुप रहता है, वह अक्सर टकराव से बचता है।
जो विश्वास पता चल जाता है, वह विरोध को आकर्षित करता है।
वफ़ादारी का हमेशा नतीजा होता है।

धर्मग्रंथ एंकर

पुराना नियम

“आज ही चुन लो कि तुम किसकी सेवा करोगे... लेकिन मैं और मेरा घराना, हम यहोवा की सेवा करेंगे।”

— जोशुआ 24:15

जनता की वफ़ादारी फ़ैसले की मांग करती है।

नया करार

"वास्तव में, जो कोई मसीह यीशु में भक्ति के साथ जीवन जीना चाहता है, वह उत्पीड़न सहेगा।"
— 2 तीमुथियुस 3:12
यकीन न्यूट्रल नहीं होता।
यह रिएक्शन को उकसाता है।

पाठ

हर विश्वासी को आखिरकार इस सवाल का सामना करना पड़ता है:
क्या मेरी वफ़ादारी अंदरूनी रहेगी,
या यह दिखने लगेगी?
जैसे ही यकीन सोच से घोषणा की ओर बढ़ता है,
दबाव बढ़ जाता है।
इसका मतलब हमेशा शारीरिक हिंसा नहीं होता।
इसका मतलब हो सकता है:

- सामाजिक प्रतिरोध
- पारिवारिक तनाव
- कैरियर की सीमा
- अस्वीकार
- गलतफ़हमी

तलवार मेटल की नहीं हो सकती।
लेकिन यह असली होगा।
जो विश्वास विरोध के बावजूद टिक नहीं सकता, वह अभी तक जड़ नहीं जमा पाया है।

चिंतन प्रश्न

1. परेशानी से बचने के लिए मैंने अपनी आस्था को कहाँ शांत रखा है?

2. अगर मैं अपनी वफ़ादारी के बारे में पूरी तरह से ट्रांसपेरेंट हो जाऊं तो कौन से रिश्ते बदल जाएंगे?
3. क्या मैं गलतफहमी के लिए तैयार हूँ?
4. कौन सा डर मेरे यकीन को थोड़ा छिपाए रखता है?
5. अगर प्रेशर बढ़ जाए तो क्या मैं स्थिर रह पाऊंगा?

बिना बढ़ा-चढ़ाकर जवाब दें।

घोषणा

खड़े हो जाओ और घोषणा करो:

"मेरी वफ़ादारी शर्तों पर नहीं है।

मैं अपने विश्वास को कम नहीं होने दूँगा। मैं दबाव में भी स्थिर रहूँगा। मैं खुले तौर पर और बिना किसी समझौते के मसीह को चुनता हूँ।"

धीरे बोलो।

संरचित प्रार्थना (30 मिनट)

1. आराधना (10 मिनट)

अपनी इज़्ज़त के लिए मसीह को प्रभु मानें।

2. हिम्मत (10 मिनट)

बिना किसी दुश्मनी और बिना किसी डर के खड़े रहने की ताकत मांगें।

3. सुरक्षा (10 मिनट)

दिखने वाली वफ़ादारी पर ज्ञान और दिव्य सुरक्षा के लिए प्रार्थना करें।

कार्रवाई के बिंदु

आज आप:

1. सबके सामने एक छोटे लेकिन सोच-समझकर तरीके से मसीह के साथ अपनी पहचान बनाएं।

2. एक भी ऐसा समझौता करने से मना करें जो ईमानदारी को कमज़ोर करे।
3. एक ईमानदार बातचीत करें जिससे आप बचते रहे हैं।
4. यहोशू 24 को ज़ोर से पढ़ें।
5. खास तौर पर हिम्मत के लिए प्रार्थना करें, आराम के लिए नहीं।

दिन 4

जब भगवान ब्लेड को बाधित करते हैं

कहानी एंकर

तलवार असली थी।
इरादा आखिरी था।
हड़ताल सांकेतिक नहीं थी।
और फिर भी ब्लेड ज़मीन पर नहीं उतरा।
जिस चीज़ से एक ज़िंदगी खत्म हो जानी चाहिए थी, वह कामयाब नहीं हुई।
ज़िंदगी में ऐसे पल आते हैं जब दखल देने से इनकार नहीं किया जा सकता।
जहां हालात इंसानी समझ से परे हो जाते हैं।
जहां ज़िंदा रहना कोई स्ट्रेटेजी नहीं है।
यह रुकावट है।
सरेंडर से पहले।
मिनिस्ट्री से पहले। पब्लिक इम्पैक्ट से पहले।
वहां बचाव था।
कभी-कभी भगवान आपको तब तक बचा लेते हैं, जब तक आप पूरी तरह समझ नहीं जाते कि ऐसा क्यों है।

धर्मग्रंथ एंकर

पुराना नियम

“तुम्हारे खिलाफ बनाया गया कोई भी हथियार कामयाब नहीं होगा।”
— यशायाह 54:17

हथियार बन सकते हैं।
वे हमेशा मकसद पूरा नहीं करते।

नया करार

"प्रभु मुझे हर बुरे हमले से बचाएगा और मुझे सुरक्षित रूप से अपने स्वर्गीय राज्य में ले जाएगा।"
— 2 तीमुथियुस 4:18

रेस्क्यू अटैक को हटाता नहीं है।
यह उसे ओवरराइड करता है।

पाठ

दखल देना हक नहीं है।
यह दया है।
प्रिजर्वेशन परफेक्शन का सबूत नहीं है।
यह उद्देश्य का सबूत है।
कुछ लोग ज़िंदा रहने को किस्मत समझते हैं।
दूसरे लोग इसे टाइमिंग समझते हैं।
लेकिन जब कोई चीज़ आपको बर्बाद करने के लिए बनी हो, तो वह फेल हो जाती है, तो उस पर सोचने की ज़रूरत होती है।
खुद से पूछें:
मैं अब तक यहां क्यों हूं?
आप बच गए हैं:

- दुर्घटनाएँ.
- बीमारी।
- फाइनेंशियल गिरावट।
- इमोशनल ब्रेकडाउन।
- ऐसी स्थितियाँ जिनका अंत अलग तरीके से होना चाहिए था।

प्रिजर्वेशन पैसिव नहीं है।
इसमें ज़िम्मेदारी है।
अगर आपको बचाया गया था,
तो आपको किसी चीज़ के लिए बचाया गया था।

चिंतन प्रश्न

1. अपनी ज़िंदगी में बचाव को साफ़ तौर पर कहाँ देखा है ?
2. क्या मैंने सर्वाइवल को हल्के में लिया?
3. क्या मैंने पूछा है कि भगवान ने मुझे क्यों बचाया?
4. क्या मैं ऐसे जी रहा हूँ जैसे मेरी ज़िंदगी का कोई मकसद है?
5. इससे पहले किस बात ने मुझे लगभग बर्बाद कर दिया था?

खास पल लिखें।

घोषणा

ज़ोर से कहो:
"मुझे किसी मकसद के लिए बचाया गया है।
मेरा बचना कोई इत्तेफ़ाक नहीं है।
मैं भगवान की दया को बर्बाद नहीं करूँगा।
मैं जान-बूझकर जीऊँगा।"
इसे धीरे-धीरे दोहराएं।

संरचित प्रार्थना (30–35 मिनट)

1. आभार (10 मिनट)
बचाव के खास पलों के लिए भगवान का शुक्रिया अदा करें।

2. सरेंडर (10 मिनट)
अपना भविष्य जानबूझकर उसे वापस सौंप दें।

3. अलाइनमेंट (10–15 मिनट)
अपने असाइनमेंट के बारे में क्लैरिटी के लिए पूछें।

कार्रवाई के बिंदु

आज आप:

1. तीन खास पल लिखें जब आपको बचाया गया था।
2. इनमें से कोई एक टेस्टीमोनी किसी के साथ शेयर करें।
3. एक ऐसी आदत छोड़ दें जो ज़िंदा रहने के तोहफ़े का अपमान करती है।
4. भजन 23 को ज़ोर से पढ़ें।
5. अपनी ज़िंदगी के एक हिस्से को पूरी तरह से भगवान के मकसद के लिए लगा दें।

दिन 5

जब सत्य आपको परेशान करता है

कहानी एंकर

उसने देखा.
उसे नरक दिखाया गया।
वह चेहरे पहचानता था।
उन्होंने सम्मानित धार्मिक शिक्षकों को तकलीफ़ में देखा।
उसने स्वर्ग देखा।
उन्होंने व्यवस्था और शांति देखी।
वह लौटे।
और उसने सरेंडर नहीं किया।
सत्य से हमेशा तुरंत बात नहीं मानी जाती।
कभी-कभी इससे परेशानी होती है।
गड़बड़ी कन्वर्ज़न नहीं है।
यह एक्सपोज़र है।
आप देख सकते हैं और फिर भी विरोध कर सकते हैं।
आप जान सकते हैं और फिर भी देरी कर सकते हैं।
आपका सामना किया जा सकता है और फिर भी आप सख्त हो सकते हैं।
एक ऐसा समय आता है जब सच्चाई दरवाज़े पर खड़ी होती है,
और आप तय करते हैं कि दरवाज़ा खोलना है या नहीं।

धर्मग्रंथ एंकर
पुराना नियम

“फ़िरौन ने अपना दिल कठोर कर लिया और उसकी बात नहीं मानी।”
— निर्गमन 8:15
संकेत देखना आत्मसमर्पण की गारंटी नहीं है।

नया करार

“आज, अगर तुम उसकी आवाज़ सुनो, तो अपने दिलों को कठोर मत करो।”
— इब्रानियों 3:15
देरी रुकावट बन सकती है।

पाठ

कई मानने वाले सोचते हैं कि अज्ञानता ही उनकी समस्या है।
अक्सर ऐसा नहीं होता।
अक्सर समस्या देरी की होती है।
आपको पहले से ही पता है:

- जहां समझौता मौजूद है।
- जहां अनुशासन की कमी है।
- जहां वफ़ादारी बँटी हुई है।
- जहां पश्चाताप की ज़रूरत है।

सत्य ने आपको पहले भी परेशान किया है।
सवाल यह है की:
क्या आपने एक्टिंग की?
अशांति दया है।
लेकिन दया का जवाब तो देना ही होगा।

चिंतन प्रश्न

1. भगवान ने मुझे कौन सा सच पहले ही दिखा दिया है जिस पर मैंने काम करने में देरी कर दी है?

2. मैं अभी कहाँ सुधार का विरोध कर रहा हूँ?
3. मुझे कौन सी आदत बदलनी चाहिए, यह मैं जानता हूँ, लेकिन मैंने उस पर ध्यान नहीं दिया है?
4. क्या मैं यकीन पर तुरंत जवाब देता हूँ?
5. क्या मैं आध्यात्मिक रूप से सुन्न हो रहा हूँ?

ईमानदारी से जवाब दें।

घोषणा

ज़ोर से कहो:

"मैं सच का विरोध नहीं करूँगा।
मैं बात मानने में देर नहीं करूँगा। जब मुझे यकीन हो जाएगा, तो मैं जवाब दूँगा। मेरा दिल नरम रहेगा।"

इसे धीरे-धीरे दोहराएं।

संरचित प्रार्थना (30–40 **मिनट**)

1. **कन्फेशन** (10 **मिनट**)

उन खास जगहों के नाम बताएं जहां आपने अपने कन्फेशन को नहीं माना।

2. **नरमी** (10 **मिनट**)

भगवान से दिल की कठोरता दूर करने के लिए कहें।

3. **आज्ञा मानना** (10–15 **मिनट**)

जब कोई मुश्किल आए तो तुरंत कार्रवाई करने की हिम्मत के लिए प्रार्थना करें।

अंत में:

"आज मैं देरी के बजाय आज्ञाकारिता चुनता हूँ।"

कार्रवाई के बिंदु

आज आप:

1. एक ऐसा काम करें जिसे आपने आध्यात्मिक रूप से टाल दिया है।
2. जहां आपने पछतावे में देरी की हो, वहां माफी मांगें।
3. एक बार-बार होने वाले समझौते को हटा दें।
4. रिस्पॉन्स के संकेत के तौर पर एक बार का खाना फास्ट करें।
5. तुरंत बात मानने का एक एरिया लिखें और उसे आज ही पूरा करें।

दिन 6

जिस दिन निष्ठा स्थानांतरित होती है

कहानी एंकर

गड़बड़ी के बाद।
विरोध के बाद.
टकराव के बाद।
आग लगने के बाद.
बचने के बाद.
एक ऐसा पल आया जिसने उन्हें बाहर से हिलाया नहीं।
इससे वह अंदर से टूट गया।
उन्होंने इसे एक ट्रान्स बताया।
उसने यीशु को देखा।
उसने फिर से नरक देखा।
उसने फिर से स्वर्ग देखा।
लेकिन इस बार कुछ अलग हुआ।
वह बिना बदले वापस नहीं लौटा।
उसने सरेंडर कर दिया।
1982 में, वफ़ादारी बदल गई।
उन्होंने यीशु को अपने विश्वास सिस्टम में शामिल नहीं किया।
उन्होंने पहचान पर कोई बातचीत नहीं की।
उन्होंने इस्लाम में कोई बदलाव नहीं किया।
उसने वफ़ादारी बदल दी।
असल में धर्मांतरण यही है:

स्थानांतरण करना।

धर्मग्रंथ एंकर

पुराना नियम

"तुम कब तक दो विचारों के बीच में अटके रहोगे? अगर यहोवा परमेश्वर है, तो उसके पीछे चलो; और अगर बाल है, तो उसके पीछे चलो।"

— 1 राजा 18:21

वफ़ादारी हमेशा के लिए नहीं बंट सकती।

नया करार

"क्योंकि उसने हमें अंधकार के वश से छुड़ाकर अपने प्रिय पुत्र के राज्य में प्रवेश कराया है।"

—कुलुस्सियों 1:13

मुक्ति का मतलब है दूसरी जगह बस जाना।

यह अधिकार का ट्रांसफर है।

पाठ

बहुत से विश्वासी यीशु की प्रशंसा करते हैं।

बहुत कम लोग वफ़ादारी बदलते हैं ।

प्रशंसा कहती है:

"मैं सहमत हूं।"

ट्रांसफर कहता है:

"मैं संबंध रखता हूँ।"

ट्रांसफर का मतलब है:

- मसीह डर से बढ़कर है।
- मसीह कबीले से बड़ा है।
- मसीह पिछली पहचान से कहीं बढ़कर है।

- क्राइस्ट आइडियोलॉजी से ऊपर हैं।
- मसीह जीवित रहने से कहीं अधिक श्रेष्ठ है।

जब तक वफ़ादारी नहीं बदल जाती, तब तक
फॉर्मेशन बंटा हुआ रहता है।
आप दो मालिकों की सेवा नहीं कर सकते।
आप दो राज्यों में नहीं रह सकते।
एक दिन ऐसा आता है जब फ़ैसला फ़ाइनल हो जाता है।

चिंतन प्रश्न

1. क्या मैंने सच में वफ़ादारी बदल दी है, या मैं आध्यात्मिक रूप से बंटा हुआ हूँ?
2. कौन सी कॉम्पिटिटिव लॉयल्टी अभी भी मुझे कंट्रोल करती है?
3. क्या मुझे पूरी तरह से इसमें जाने पर कुछ खोने का डर है?
4. पूरी तरह सरेंडर करने पर मुझे क्या कीमत चुकानी पड़ेगी?
5. अगर आज मेरा ट्रांसफर का दिन होता, तो तुरंत क्या बदल जाता?

बिना आध्यात्मिक प्रदर्शन के लिखें।

घोषणा

शारीरिक रूप से खड़े हो जाओ।
ज़ोर से कहो:
"मैं अपनी वफ़ादारी पूरी तरह से जीसस क्राइस्ट को सौंपता हूँ।
वह मेरी पहचान, मेरे अतीत, मेरे भविष्य के प्रभु हैं। मैं बँटी हुई वफ़ादारी को छोड़ता हूँ। मैं क्राइस्ट का हूँ।"
इसे धीरे-धीरे और सोच-समझकर दोहराएं।

संरचित प्रार्थना (40 मिनट)

1. आराधना (10 मिनट)

अपने जीवन के हर क्षेत्र पर मसीह के प्रभुत्व की घोषणा करें।

2. त्याग (10 मिनट)

बोलकर अपनी-अपनी वफादारी का त्याग करें।

3. सरेंडर (10 मिनट)

अपनी पहचान, रेप्युटेशन और भविष्य ऑफ़र करें।

4. वादा (10 मिनट)

अपनी वफ़ादारी को बोलकर पक्का करें।

अंत में:

"मेरी वफ़ादारी तय हो गई है।"

कार्रवाई के बिंदु

आज आप:

1. एक पेज का वफ़ादारी का वादा लिखें और उस पर साइन करें।
2. बंटी हुई वफ़ादारी से जुड़ी किसी एक चीज़ या आदत को नष्ट कर दें या हटा दें।
3. सबके सामने खुद को एक साफ़ तरीके से मसीह का फ़ॉलोअर बताएं।
4. सरेंडर के फिजिकल एक्ट के तौर पर एक बार खाना फास्ट करें।
5. कुलुस्सियों 1:13 याद करें।

दिन 7

जब वफ़ादारी विरोध को आकर्षित करती है

कहानी एंकर

सरेंडर से आराम नहीं मिला।
इससे टकराव हुआ।
वफ़ादारी ट्रांसफर होने के बाद, विरोध और तेज़ हो गया।
वह निशाना बन गया।
जिस सिस्टम का उन्होंने कभी बचाव किया था, उसी ने अब उन्हें खत्म करने का रास्ता दिखा दिया है।
गोलियां चलाई गईं।
ज़हर दिया गया।
कबूलनामे के बाद पीछा किया गया।
धर्म बदलना झगड़े से बचना नहीं है।
यह एक अलग चीज़ में एंट्री है।
वफ़ादारी आपको बेनकाब कर देती है।

धर्मग्रंथ एंकर

पुराना नियम

"तब शाऊल बहुत क्रोधित हुआ... और उस दिन से शाऊल दाऊद पर कड़ी नज़र रखने लगा।"

— 1 शमूएल 18:8–9

जब पक्ष बदलता है, तो विपक्ष देखता है।

नया करार

“अगर दुनिया तुमसे नफ़रत करती है, तो याद रखो कि उसने पहले मुझसे नफ़रत की।”

— यूहन्ना 15:18

विरोध नाकामी का सबूत नहीं है।

यह एक साथ होने का सबूत है।

पाठ

कई विश्वासी सरेंडर के तुरंत बाद शांति की उम्मीद करते हैं।

लेकिन वफ़ादारी वफ़ादारी को फिर से बना देती है।

और बदली हुई वफ़ादारी रिएक्शन को भड़काती है।

विरोध शायद गोलियों जैसा न लगे।

यह कुछ ऐसा दिख सकता है:

- एकांत।
- हल्का सा रिजेक्शन।
- अवसर का नुकसान।
- संदेह.
- रेप्युटेशन को नुकसान।

अगर आप वफ़ादारी को आराम से मापेंगे, तो

आप पीछे हट जाएंगे।

अगर आप वफ़ादारी को बात मानने से मापेंगे, तो

आप टिके रहेंगे।

विपक्ष ने पहचान साफ़ की।

चिंतन प्रश्न

1. मसीह के प्रति गंभीर होने के बाद मेरे जीवन में क्या बदलाव आया?

2. मैंने विरोध को असफलता समझने की गलती कहाँ की?
3. जब मुझे विरोध महसूस होता है तो क्या मैं पीछे हट जाता हूँ?
4. किस तरह का विरोध मुझे सबसे ज़्यादा डराता है?
5. क्या मुझे हैरानी होती है जब बात मानने पर मुझे कुछ नुकसान होता है?

सटीकता से लिखें।

घोषणा

ज़ोर से कहो:

"मैं विरोध के सामने पीछे नहीं हटूंगा।
विरोध मुझे बेहतर बनाएगा, हटाएगा नहीं। मेरी वफ़ादारी आराम पर निर्भर नहीं है। मैं मज़बूती से खड़ा हूं।"

इसे पूरी ताकत से दोहराएँ।

संरचित प्रार्थना (35 **मिनट**)

1. **आराधना** (10 **मिनट**)

अपनी लड़ाइयों में मसीह को प्रभु मानें।

2. **ताकत** (10 **मिनट**)

विरोध के समय हिम्मत के लिए प्रार्थना करें।

3. **सुरक्षा** (10 **मिनट**)

अपने जीवन और परिवार के लिए ईश्वरीय सुरक्षा मांगें।

4. **दृढ़ता** (5 **मिनट**)

नतीजे की परवाह किए बिना धीरज रखें।

इसके साथ घनिष्ठ:

"मैं स्थिर रहता हूँ।"

कार्रवाई के बिंदु

आज आप:

1. एक ऐसा एरिया पहचानें जहां विरोध की वजह से आपको हिचकिचाहट हुई।
2. उस एरिया में फिर से हिम्मत से काम करें।
3. किसी और को हिम्मत दें जो रुकावट का सामना कर रहा हो।
4. 1 शमूएल 18 को धीरे-धीरे पढ़ें।
5. डर पर आधारित एक भी फ़ैसला लेने से मना कर दें।

दिन 8

आग के नीचे संरक्षित

कहानी एंकर

सरेंडर के बाद हमले बढ़ गए।
गोलियां उसके शरीर में घुस गईं।
धातु उसके सिर पर लगी।
खून बहने लगा।
उसे मरा हुआ मान लिया गया।
ज़हर दिया गया।
पीछा तेज़ हो गया।
नौ कोशिशें की गईं।
और फिर भी, वह ज़िंदा रहा।
बचाव का मतलब खतरे से इनकार करना नहीं है।
यह विनाश में रुकावट है।
ऐसे मौसम आते हैं जब ज़िंदा रहना ही सबूत बन जाता है।
सवाल सिर्फ़ यह नहीं है:
“मुझ पर हमला क्यों किया गया?”
लेकिन:
"मैं अब तक यहां क्यों हूं?"

धर्मग्रंथ एंकर
पुराना नियम

“धर्मी पर बहुत सी मुसीबतें आती हैं, परन्तु यहोवा उसको उन सब से छुड़ाता है।”

— भजन 34:19

दुख नेकी को खत्म नहीं करता।

छुटकारा मकसद को पक्का करता है।

नया करार

“हम हर तरफ से मुश्किल में तो हैं, पर कुचले नहीं जाते; परेशान तो हैं, पर निराश नहीं होते; सताए तो जाते हैं, पर छोड़े नहीं जाते; मार खाए तो जाते हैं, पर नाश नहीं होते।”

— 2 कुरिन्थियों 4:8–9

मारा जाना और नष्ट किया जाना एक ही बात नहीं है।

पाठ

कुछ लोग ऐसी चीज़ों से बच गए जो उन्हें खत्म कर देनी चाहिए थीं।

दुर्घटनाएँ।

हमले। बीमारी। आर्थिक तंगी। मानसिक टूटन।

आप अब भी वहां हो।

बचाव ही ज़िम्मेदारी है।

अगर भगवान ने आपको बचाया है, तो

उन्होंने आपको किसी चीज़ के लिए बचाया है।

बिना मकसद के जीना बेकार है।

मकसद के साथ जीना मिशन बन जाता है।

आपको तय करना होगा कि आपकी ज़िंदगी कैसी बनेगी।

चिंतन प्रश्न

1. मैं ऐसी कौन सी चीज़ से गुज़रा हूँ जिसे मैं शायद ही कभी मानता हूँ?
2. क्या मैं प्रिजर्वेशन को हल्के में लेता हूँ?

3. भगवान किस मकसद से मेरी रक्षा कर रहे होंगे?
4. क्या मैं अपने बचाव के बाद से जानबूझकर जी रहा हूँ?
5. अगर मैं यह मान लूं कि मेरा ज़िंदा रहना एक काम है, तो क्या बदल जाएगा?

खास घटनाएँ लिखें।

घोषणा

खड़े हो जाओ और घोषणा करो:

"मुझे एक मकसद के लिए बचाया गया है।
जिसे मुझे खत्म करना चाहिए था, उसने नहीं किया। मैं अपना ज़िंदा रहना बर्बाद नहीं करूँगा। मेरी ज़िंदगी का एक काम है।"

इसे जानबूझकर दोहराएं।

संरचित प्रार्थना (35–40 मिनट)

1. आभार (10 मिनट)

कुछ खास पलों के लिए भगवान का शुक्रिया अदा करें।

2. पछतावा (10 मिनट)

कबूल करें कि आपने ज़िंदा रहने के लिए कहाँ समय बर्बाद किया।

3. अलाइनमेंट (10–15 मिनट)

मकसद के साथ चलने के लिए क्लैरिटी और हिम्मत मांगें।

4. कमिटमेंट (5 मिनट)

अपनी बचाई हुई ज़िंदगी को वापस भगवान को सौंप दें।

इसके साथ घनिष्ठ:

"मैं जानबूझकर जीता हूँ।"

कार्रवाई के बिंदु

आज आप:

1. अपनी ज़िंदगी के तीन बचाव के पल लिखें।
2. किसी के साथ एक टेस्टीमोनी शेयर करें।
3. एक ऐसी आदत छोड़ दें जो ज़िंदा रहने के तोहफ़े का अपमान करती है।
4. भजन 34 को ज़ोर से पढ़ें।
5. जानबूझकर आज्ञा मानने की ओर एक कदम बढ़ाएँ।

दिन 9

बिना घोषणा के निष्ठा

कहानी एंकर

सरेंडर के बाद विज़िबिलिटी खतरनाक हो गई।
न केवल उसके लिए -
बल्कि उसके आस-पास के लोगों के लिए भी।
उन्होंने "बीच में" रहने का वर्णन किया।
पुराने साथियों ने उसे गद्दार माना।
नए मानने वाले उसे ध्यान से देखते रहे।
उसके साथ जुड़ने से हमला हो सकता है।
वह जोर से हिल नहीं सकता था।
उसे समझदारी से काम लेना था।
कई मुश्किल माहौल में, कुछ कन्वर्टेड लोग तुरंत दूसरी जगह नहीं जाते।
वे अपने परिवारों के अंदर रहते हैं।
अपने समुदायों के अंदर। कभी-कभी तो बाहर से मस्जिदों के अंदर भी।
लेकिन अंदर ही अंदर, वफ़ादारी बदल गई है।
छिपा हुआ शिष्यत्व इनकार नहीं है।
यह स्ट्रेटेजी है।
हर मौसम में बिना किसी नतीजे के पब्लिक में ऐलान करने की इजाज़त नहीं होती।
बुद्धिमानी कायरता नहीं है।
यह देखरेख है।

धर्मग्रंथ एंकर

पुराना नियम

रिम्मोन के मंदिर में पूजा करने जाएगा... तो यहोवा इस बात के लिए आपके सेवक को क्षमा करे।"

— 2 राजा 5:18

माहौल बदलने से पहले वफ़ादारी बदल गई।

नया करार

"फरीसियों में से निकोदेमुस नाम का एक आदमी था जो रात में यीशु के पास आया।"

— यूहन्ना 3:1–2

कुछ शिष्य सबके सामने आने से पहले चुपके से शुरुआत करते हैं।

पाठ

वफ़ादारी हमेशा नाटकीय नहीं लगती।

ऐसे समय आते हैं जब समझदारी के लिए समझदारी की ज़रूरत होती है।

लक्ष्य दिखना नहीं है।

लक्ष्य वफ़ादारी है।

कुछ विश्वासी शोर को साहस समझ लेते हैं।

दूसरे लोग चुप्पी को समझौते से कन्फ्यूज़ हो जाते हैं।

अंतर मकसद का है।

क्या आप डर के कारण चुप हैं -

या जानबूझकर आज्ञा पालन करने के कारण?

क्या आप दुख से बचने के लिए छिपे हैं -
या काम को बचाने के लिए?
भगवान कभी-कभी आपको ज़मीन के ऊपर लाने से पहले ज़मीन के नीचे काम करते हैं।

चिंतन प्रश्न

1. क्या मैं डर के मारे अपना विश्वास छिपा रहा हूँ - या समझदारी से काम ले रहा हूँ?
2. मुझे कहां ज़्यादा बोल्ड होने की ज़रूरत है?
3. मुझे कहां ज़्यादा स्ट्रेटेजिक होने की ज़रूरत है?
4. क्या मैंने चुप्पी को समझौता समझ लिया है?
5. क्या मेरी अंदरूनी वफ़ादारी तब भी पक्की है जब मैं दिखाई नहीं देता?

ध्यान से जवाब दें।

घोषणा

ज़ोर से कहो:
"मेरी वफ़ादारी पक्की है, चाहे दिखे या न दिखे।
मैं समझदारी से चलूंगा। मैं मसीह को मना नहीं करूंगा। मैं बेवकूफ़ी नहीं करूंगा। मेरी वफ़ादारी पक्की है।"
इसे जानबूझकर दोहराएं।

संरचित प्रार्थना (35 मिनट)

1. आराधना (10 मिनट)

अपनी पब्लिक और प्राइवेट ज़िंदगी में मसीह को प्रभु मानकर उनका आदर करें।

2. समझदारी (10 मिनट)

यह जानने के लिए समझदारी मांगें कि कब बोलना है और कब इंतज़ार करना है।

3. हिम्मत (10 मिनट)

जब सामने आने का समय आए तो हिम्मत के लिए प्रार्थना करें।

4. सुरक्षा (5 मिनट)

खुद को और दूसरों को ईश्वरीय सुरक्षा के लिए समर्पित करें।

इसके साथ घनिष्ठ:

"मुझे बुद्धिमान और विश्वासयोग्य बना।"

कार्रवाई के बिंदु

आज आप:

1. एक ऐसा एरिया पहचानें जहां आपको हिम्मत की ज़रूरत है।
2. एक ऐसी जगह पहचानें जहां आपको संयम की ज़रूरत है।
3. दुश्मन इलाकों में रहने वाले विश्वासियों के लिए जानबूझकर प्रार्थना करें।
4. 2 राजा 5 और यूहन्ना 3 को धीरे-धीरे पढ़ें।
5. आवेग के बजाय आज्ञाकारिता चुनें।

दिन 10

जब पाखंड आपको पीछे मुड़ने पर मजबूर कर दे

कहानी एंकर

ज़ुल्म ने उसे लगभग खत्म नहीं किया।
गोलियों ने नहीं किया।
ज़हर ने नहीं किया।
पाखंड लगभग हो ही गया।
सरेंडर के बाद।
बचने के बाद। मिनिस्ट्री शुरू होने के बाद।
वह ईसाई जगहों में घुस गया।
उन्हें अनुशासन की उम्मीद थी।
उन्हें ईमानदारी की उम्मीद थी। उन्हें उपदेश के साथ प्रैक्टिस की उम्मीद थी।
इसके बजाय, उन्होंने इसमें गड़बड़ी देखी।
उन्होंने नेताओं को वो उपदेश देते देखा जो वे खुद नहीं जीते।
उन्होंने बिना किसी ठोस चीज़ के आध्यात्मिक प्रदर्शन देखा। उन्होंने दोहरे मापदंड देखे।
उन्होंने साफ़-साफ़ कहा है: एक समय ऐसा भी आया था जब वे लगभग इस्लाम में लौट आए थे — इसलिए नहीं कि इस्लाम ने उन्हें फिर से मना लिया था, बल्कि इसलिए कि ईसाई धर्म के अंदर के दोगलेपन से उन्हें नफ़रत हो गई थी।
दबाव बाहर से नहीं आया।

यह अंदर से आया।
यह ज़्यादा खतरनाक है।

धर्मग्रंथ एंकर

पुराना नियम

“हाय उन चरवाहों पर जो मेरे चरागाह की भेड़ों को नष्ट करते और तितर-बितर करते हैं!”
— यिर्मयाह 23:1

लीडरशिप की नाकामी विश्वास को नुकसान पहुंचाती है।

नया करार

“अरे, कानून के शिक्षकों और फरीसियों, तुम पर हाय! तुम कपटी हो!”
— मैथ्यू 23:27

पाखंड आध्यात्मिक रूप से नुकसानदायक है।

पाठ

कई विश्वासी ज़ुल्म सह सकते हैं।
बहुत कम लोग निराशा से बच पाते हैं।
बाहरी विरोध से इरादा मज़बूत होता है।
अंदरूनी पाखंड भरोसे को कमज़ोर करता है।
अगर आप लोगों पर अपना विश्वास बनाएंगे,
तो लोग आपको अस्थिर कर देंगे।
अगर आप अपना विश्वास मसीह पर बनाते हैं,
तो लोग आपको उखाड़ नहीं सकते।
दूसरों की असफलता सत्य को रद्द नहीं करती।
नेताओं की अलग-अलग राय मसीह को गलत नहीं ठहराती।
आपको यह तय करना होगा:
क्या पाखंड आपका बहाना बनेगा -
या आपकी तरक्की?

चिंतन प्रश्न

1. क्या किसी की लापरवाही ने मेरे विश्वास को कमज़ोर कर दिया है?
2. क्या मैंने दूसरों की वजह से चुपके से अपने समझौते को सही ठहराया है?
3. क्या मेरी वफ़ादारी मसीह के प्रति है - या लोगों के प्रति?
4. निराशा के कारण मुझे कहाँ पीछे हटने का मन करता है?
5. क्या मैं उस दोगलेपन में हिस्सा ले रहा हूँ जिसकी मैं बुराई करता हूँ?

बिना बचाव के जवाब दें।

घोषणा

ज़ोर से कहो:

"मेरा विश्वास मसीह पर टिका है, लोगों पर नहीं।
दूसरों की नाकामी मेरी बात मानने को नहीं बताएगी।
मैं अपनी ज़िंदगी में दिखावे को नहीं मानता।
मैं वफ़ादार बना रहता हूँ।"

इसे धीरे-धीरे दोहराएं।

संरचित प्रार्थना (40 मिनट)

1. आराधना (10 मिनट)

अपना विश्वास सिर्फ़ मसीह पर केंद्रित करें।

2. रिलीज़ (10 मिनट)

उन लोगों को माफ़ करें जिनकी गलतियों से आपको दुख हुआ।

3. शुद्धिकरण (10–15 मिनट)

भगवान से अपने जीवन से पाखंड दूर करने के लिए कहें।

4. **संकल्प** (5 **मिनट**)

व्यक्तिगत ईमानदारी के लिए प्रतिबद्ध रहें।

इसके साथ घनिष्ठ:

"मैं जो घोषणा करता हूँ, उसे जीऊँगा।"

कार्रवाई के बिंदु

आज आप:

1. उस एक व्यक्ति को माफ़ कर दें जिसकी गलतियों से आपको दुख हुआ हो।
2. एक ऐसा एरिया पहचानें जहाँ आपकी प्रैक्टिस आपके उपदेश से मेल खानी चाहिए।
3. मैथ्यू 23 को ध्यान से पढ़ें।
4. अपनी ज़िंदगी से एक डबल स्टैंडर्ड हटा दें।
5. अपनी निजी भक्ति को मज़बूत करें — दूसरों को दिखे बिना।

दिन 11

“हम बहुत आगे निकल गए हैं”

कहानी एंकर

उनके धर्म बदलने के बाद एक पल ऐसा आया।
मिनिस्ट्री शुरू होने के बाद।
प्रीचिंग के बाद। दिखने वाले फल के बाद।
निराशा होने लगी।
उन्होंने पाखंड देखा।
उन्होंने असंगति देखी। उन्होंने आध्यात्मिक दोहरे मापदंड देखे।
और अंदर ही अंदर उन्होंने एक फ़ैसला लिया।
वह लौट आएगा।
उन्होंने अपने दिल में पहले ही तय कर लिया था कि जो संदेश वे देने वाले हैं, वह उनका आखिरी संदेश होगा।
उसके बाद वह वापस इस्लाम में चला जाएगा।
उन्होंने यह नतीजा निकाला कि जो कुछ उन्होंने छोड़ा था, वह कम से कम डिसिप्लिन्ड तो था।
उसने जो भी डाला, वह कॉम्प्रोमाइज़्ड लगा।
फिर, उसने अपने होटल के कमरे का दरवाज़ा खोला।
और वह कहता है कि यीशु वहाँ खड़ा था।
वह पावर के नीचे गिरने का वर्णन करता है।
और वह शब्दों को साफ़-साफ़ दोहराता है:
“हम बहुत दूर चले गए हैं। अब वापस जाने में बहुत देर हो चुकी है।”
वह क्षण मुक्ति के बारे में नहीं था।

यह लगन के बारे में था।
कन्वर्ज़न के बारे में नहीं।
कमिटमेंट के बारे में।
ऐसे पल आते हैं जब पीछे हटना लॉजिकल लगता है।
और स्वर्ग बीच में आ जाता है।

धर्मग्रंथ एंकर

पुराना नियम

"लूत की पत्नी को याद रखो।"
— लूका 17:32 (उत्पत्ति 19 का संदर्भ)
पीछे देखने से किस्मत खराब हो सकती है।

नया करार

"जो कोई हल पर हाथ रखकर पीछे देखता है, वह परमेश्वर के राज्य में सेवा के योग्य नहीं है।"
— लूका 9:62
तरक्की के लिए पीछे हटने से इनकार करना ज़रूरी है।

पाठ

आध्यात्मिक रिट्रीट शायद ही कभी सार्वजनिक रूप से शुरू होता है।
यह प्राइवेट तौर पर शुरू होता है।
बाहर अनाउंस करने से पहले आप अंदर ही फैसला कर लें।
निराशा बहुत ताकतवर होती है।
निराशा भी है।
लेकिन विड्रॉल खतरनाक है।
आप शारीरिक रूप से धर्म नहीं छोड़ सकते।
लेकिन आप तीव्रता में पीछे हट सकते हैं।
अनुशासन में। भक्ति में। गंभीरता में।

ऐसे पल आते हैं जब भगवान को आपके भटकने के फैसले का सामना करना पड़ता है।
और जब वह ऐसा करेगा, तो आपको जवाब देना होगा।
एक पॉइंट ऐसा आता है जब पीछे जाना कोई ऑप्शन नहीं रह जाता।
क्योंकि सच सामने आ गया है।
क्योंकि सरेंडर की घोषणा हो चुकी है।
क्योंकि वफ़ादारी ट्रांसफर हो गई है।
आप जो जानते हैं, उसे आप अनजान नहीं बना सकते।
जो आपने देखा है, उसे आप अनदेखा नहीं कर सकते।

चिंतन प्रश्न

1. मैंने आध्यात्मिक रूप से पीछे हटने के बारे में कहाँ सोचा है?
2. किस निराशा ने यह विचार जगाया?
3. क्या मैंने चुपचाप अपना अनुशासन कम कर दिया है?
4. आज्ञा मानने के किस एरिया में मैं पीछे हटने के लिए ललचा रहा हूँ?
5. अगर आज यीशु मेरे सामने खड़े होते, तो वे किसका सामना करते?

ईमानदारी से जवाब दें।

घोषणा

खड़े हो जाओ और घोषणा करो:
"मेरे लिए वापस जाने में बहुत देर हो चुकी है।
मेरी वफ़ादारी पक्की हो चुकी है। निराशा मेरे वादे को नहीं तोड़ेगी। मैंने जो शुरू किया है, उसे पूरा करूँगा।"
इसे दृढ़ता से दोहराएं।

संरचित प्रार्थना (40 मिनट)

1. आराधना (10 मिनट)

मसीह को अपने अतीत और भविष्य का प्रभु मानें।

2. पछतावा (10 मिनट)

मन में लिए गए किसी भी फैसले को मान लें।

3. दोबारा वादा (10–15 मिनट)

बोलकर अपना वादा दोहराएँ।

4. शक्ति (5–10 मिनट)

निराशा के समय धैर्य के लिए प्रार्थना करें।

इसके साथ घनिष्ठ:

"मैं अच्छा ख़त्म करता हूँ।"

कार्रवाई के बिंदु

आज आप:

1. एक ऐसा एरिया पहचानें जहां आप चुपचाप भटक गए हैं।
2. उस अनुशासन को तुरंत वापस लाएँ।
3. एक ऐसे असर को हटा दें जो निराशा को बढ़ाता है।
4. लूका 9:57–62 को धीरे-धीरे पढ़ें।
5. सोने से पहले फिर से ज़ोर से अपनी वफ़ादारी बोलें।

दिन 12

अपना पद लें

कहानी एंकर

एक पिता था।
स्ट्रक्चर्ड.
डिसिप्लिन्ड. सीरियस. बिना किसी समझौते के.
वहाँ एक माँ थी।
बदला हुआ।
शांत। सहने वाला। अंदर का तनाव स्थिर।
एक भाई था।
दोषी.
पब्लिक. टारगेटेड. प्रिजर्व्ड.
वहाँ ईसा था।
उग्रवादी.
परेशान. सामना. ट्रांसफर.
यह कहानी अकेले एक आदमी की नहीं है।
यह पोजीशन के बारे में है।
हर व्यक्ति कहीं न कहीं खड़ा था।
पिता व्यवस्था के लिए खड़े रहे — तब भी जब वह व्यवस्था गलत थी।
माँ ज़िम्मेदारी छोड़े बिना — यकीन के लिए खड़ी रहीं। भाई सबके सामने खड़ा रहा — और उसने तलवार का सामना किया।
ईसा मिलिटेंसी में खड़ा रहा — फिर बाद में सरेंडर कर दिया।
परिवार बँटा हुआ था — लेकिन फिर भी जुड़ा हुआ था।

हर किसी के पास एक पोस्ट थी।
कोई भी न्यूट्रल नहीं था।
सवाल यह नहीं है कि आपका असर है या नहीं।
सवाल यह है कि क्या आप अपनी तय जगह पर खड़े हैं।

धर्मग्रंथ एंकर

पुराना नियम

"मैंने उनमें से किसी ऐसे व्यक्ति को ढूँढ़ा जो दीवार को बनाए और देश की ओर से खाई में मेरे सामने खड़ा हो..."
— यहेजकेल 22:30
परमेश्वर ऐसे लोगों को खोजता है जो खड़े होने को तैयार हों।

नया करार

" इसलिए परमेश्वर के सारे हथियार बाँध लो, कि तुम बुरे दिन में सामना कर सको, और सब कुछ पूरा करके खड़े रह सको।"
— इफिसियों 6:13
निर्देश आसान है:
खड़े हो जाओ।

पाठ

हर माहौल में - परिवार, कार्यस्थल, चर्च, राष्ट्र - पद होते हैं।
कुछ बनाते हैं।
कुछ सहते हैं। कुछ सामना करते हैं। कुछ बचाते हैं।
पिता का मानना था कि वह सच की रक्षा कर रहे हैं।
माँ का मानना था कि वह सच को बचा रही हैं। भाई ने सच बताने का फैसला किया। ईसा को तय करना था कि कौन सी पोस्ट पर बैठना है।
खड़े रहना महंगा है।
लेकिन ड्रिफ्टिंग नुकसानदायक है।

अगर वॉचमैन अपनी पोस्ट छोड़ दें, तो
सिस्टम खराब हो जाएगा।
अगर माता-पिता अपना पद छोड़ दें तो
घर कमजोर हो जाते हैं।
अगर मानने वाले अपना पद छोड़ दें, तो
समझौता फैल जाता है।
वॉचमैन का आदेश सिर्फ़ उपदेशकों के लिए नहीं है।
यह हर विश्वासी के लिए है।
आपके पास एक पोस्ट है.
क्या आपने इसे पहचान लिया है?

चिंतन प्रश्न

1. मेरी अभी की पोस्ट क्या है — मेरे परिवार में, चर्च में, काम की जगह पर?
2. क्या मैं उस जगह पर ईमानदारी से खड़ा हूँ?
3. मैंने इमोशनली या स्पिरिचुअली अपनी पोस्ट कहाँ छोड़ी है?
4. अगर मैं अपने पद से गायब हो जाऊं तो क्या कमज़ोर हो जाएगा?
5. भगवान ने मुझे जहां रखा है, वहां बने रहने के लिए मुझे क्या टेंशन झेलनी पड़ेगी?

ध्यान से जवाब दें।

घोषणा

खड़े हो जाओ और घोषणा करो:
"मैं अपनी पोस्ट नहीं छोड़ूंगा।
मैं वहीं खड़ा रहूंगा जहां भगवान ने मुझे रखा है। मैं प्रेशर में नहीं आऊंगा। मैं अपना काम ईमानदारी से पूरा करूंगा।"
इसे जानबूझकर दोहराएं।

संरचित प्रार्थना (40 **मिनट**)

1. पूजा (10 **मिनट**)

परमेश्वर का आदर करें क्योंकि वही पद देता है।

2. अलाइनमेंट (10 **मिनट**)

अपनी पोस्ट के बारे में क्लैरिटी के लिए पूछें।

3. ताकत (10–15 **मिनट**)

प्रार्थना करें कि आप जहां बुलाए गए हैं, वहां बने रहने के लिए धीरज रखें।

4. मध्यस्थता (5 **मिनट**)

अपने परिवार के सदस्यों के लिए प्रार्थना करें - विश्वासी और अविश्वासी।

इसके साथ घनिष्ठ:

"मुझे एक वफ़ादार पहरेदार बनाओ।"

कार्रवाई के बिंदु

आज आप:

1. अपनी मुख्य ज़िम्मेदारी का दायरा लिखें।
2. एक ऐसा एरिया पहचानें जहां आपको डिसिप्लिन को मज़बूत करना होगा।
3. अपने परिवार में आध्यात्मिक दिशा के बारे में एक बार जानबूझकर बातचीत करें।
4. खास तौर पर अलग-अलग परिवार के सदस्यों के लिए प्रार्थना करें।
5. ऐसा कोई भी काम करने से मना करें जो आपके असर को कमज़ोर करे।

दिन 13

एक ही मेज़ पर खाना

कहानी एंकर

पूरे परिवार ने धर्म नहीं बदला।
कुछ मुसलमान बने रहे।
कुछ ईसाई बन गये।
जिस घर में कभी एक ही धार्मिक धुन थी, अब उसमें दो धुनें थीं।
और अभी तक-
वे फिर भी साथ में खाना खाते थे।
यह डिटेल पावरफ़ुल है।
सोच बदल गई।
वफ़ादारी बदल गई। विश्वास बँट गया।
लेकिन रिश्ता पूरी तरह से टूटा नहीं।
कई माहौल में, कन्वर्ज़न से परमानेंट फ्रैक्चर होता है।
इस मामले में तनाव तो था, लेकिन कनेक्शन बना रहा।
यह परिपक्वता है।
वफ़ादारी बदल गई.
लेकिन नफ़रत हावी नहीं हुई.
विश्वास क्रूरता नहीं बना।
सत्य दुश्मनी में नहीं बदला।
उन्होंने खाना शेयर किया।
और खाना भी मायने रखता है।

टेबल रिश्ते को दिखाते हैं।
एक्सेस। बातचीत। इंसानी गरिमा।
आप गहराई से असहमत हो सकते हैं - और फिर भी किसी के साथ सम्मान से पेश आ सकते हैं।

धर्मग्रंथ एंकर

पुराना नियम

“अगर हो सके, तो जितना हो सके, सब लोगों के साथ शांति से रहो।”
— (यह सिद्धांत पूरी कहावतों में दिखता है; पुराने नियम की ज्ञान परंपरा में शामिल है)
शांति सरेंडर नहीं है।
यह डिसिप्लिन है।

नया करार

“अगर हो सके, तो जहाँ तक तुम पर निर्भर हो, सबके साथ शांति से रहो।”
— रोमियों 12:18
समझौता नहीं।
शांति।

पाठ

कुछ विश्वासी अलगाव को पवित्रता समझ लेते हैं।
दूसरे लोग समझौते को शांति समझने में कन्फ्यूज़ हो जाते हैं।
लेकिन एक तीसरा तरीका भी है:
बिना दुश्मनी के पक्का यकीन।
तुम कर सकते हो:

- सत्य को दृढ़ता से पकड़ें।
- समझौता करने से मना करें।
- रिश्ते में बने रहें।

- गरिमा दिखाओ.
- सीमाएं बनाए रखें।

यह टेबल एंडोर्समेंट नहीं है।
यह मानवता है।
अगर मसीह ने पापियों के साथ पाप को मंज़ूरी दिए बिना खाया, तो आप भी बिना अपना यकीन छोड़े एक टेबल पर बैठ सकते हैं।
बँटे हुए घरों को आध्यात्मिक परिपक्वता की ज़रूरत होती है।
आप हर किसी को नहीं बदल सकते।
लेकिन आप यह तय कर सकते हैं कि आप कैसा व्यवहार करेंगे।

चिंतन प्रश्न

1. क्या मैंने यकीन को गुस्से से कन्फ्यूज़ कर दिया है?
2. क्या मैंने बेवजह रिश्तों से दूरी बना ली है?
3. मुझे हेल्दी बाउंड्रीज़ की ज़रूरत कहाँ है?
4. क्या मैं बिना किसी दुश्मनी के सच को मान सकता हूँ?
5. क्या कोई ऐसा है जिससे मुझे रिश्ते के तौर पर दोबारा संपर्क करने की ज़रूरत है?

ईमानदारी से जवाब दें।

घोषणा

ज़ोर से कहो:
"मेरे विश्वास से नफ़रत नहीं होगी।
मैं बिना दुश्मनी किए मज़बूती से खड़ा रहूँगा। मैं दूसरों के साथ इज्ज़त से पेश आऊँगा। मेरी ज़िंदगी में सच्चाई और प्यार साथ-साथ रहेंगे।"
इसे धीरे-धीरे दोहराएं।

संरचित प्रार्थना (35 **मिनट**)

1. आराधना (10 **मिनट**)

शांति के राजकुमार के रूप में मसीह का सम्मान करें।

2. प्रार्थना (10 **मिनट**)

अलग-अलग परिवार के सदस्यों के लिए प्रार्थना करें।

3. ज्ञान (10 **मिनट**)

टेंशन से निपटने में समझदारी के लिए कहें।

4. सुरक्षा (5 **मिनट**)

बिना किसी समझौते के एकता के लिए प्रार्थना करें।

इसके साथ घनिष्ठः

"मुझे खड़ा होना और प्यार करना सिखाएं।"

कार्रवाई के बिंदु

आज आपः

1. जिस व्यक्ति से आप सहमत नहीं हैं, उससे सम्मानपूर्वक बात करें।
2. एक फालतू बहस से बचें।
3. जवाब देने से पहले सुनने की प्रैक्टिस करें।
4. रोमियों 12 को ज़ोर से पढ़ें।
5. जहां तक हो सके शांति चुनें।

दिन 14

जब अधिकार में रहस्योद्घाटन का अभाव हो

कहानी एंकर

एक पिता था।

व्यवस्थित।

अनुशासित। आस्था को लेकर गंभीर।

उन्होंने लापरवाह बच्चे नहीं पाले।

उन्होंने अनुशासित बच्चे पाले।

प्रार्थना ज़रूरी थी।

धार्मिक रूटीन एक जैसा था। व्यवस्था का ध्यान रखा जाता था।

उनका मानना था कि वे सच की रक्षा कर रहे हैं।

उनका मानना था कि वे अपने परिवार की रक्षा कर रहे हैं। उनका मानना था कि वे विरासत को बचा रहे हैं।

जब धर्म बदलने की बात घर में आई, तो उन्होंने कड़ी प्रतिक्रिया दी।

उसके लिए यह धोखा था।

उसके लिए यह बेइज्जती थी। उसके लिए यह बगावत थी।

उस घर में उठी तलवार सिर्फ़ गुस्सा नहीं थी।

यह बिना किसी खुलासे के पक्का यकीन था।

उसमें बनावट तो थी,

लेकिन रोशनी की कमी थी।

उनके पास अधिकार था।

लेकिन उनमें बदलाव की कमी थी।

और बिना खुलासे के अधिकार खतरनाक हो सकता है।

धर्मग्रंथ एंकर

पुराना नियम

“ऐसा मार्ग है जो मनुष्य को ठीक लगता है, परन्तु उसका अन्त मृत्यु ही है।”

— नीतिवचन 14:12

ईमानदारी का मतलब सही होना नहीं है।

नया करार

"क्योंकि मैं उनकी गवाही देता हूँ कि उनमें परमेश्वर के लिए जोश तो है, पर ज्ञान के अनुसार नहीं।"

— रोमियों 10:2

बिना खुलासे के जोश ताकत को गलत दिशा में ले जाता है।

पाठ

यह दिन पिताओं की निंदा करने के लिए नहीं है।
यह असर को समझने के बारे में है।
कहानी में पिता पैसिव नहीं था।
वह गंभीर था।
लेकिन बिना बताए गंभीरता नुकसान पहुंचा सकती है।
स्ट्रक्चर पावरफ़ुल है।
अनुशासन पहचान बनाता है ।
अधिकार मन बनाता है।
लेकिन अगर नींव गलत हो, तो
बनावट नुकसानदायक हो जाती है।
पिता रास्ता बनाते हैं।
लीडर दिशा तय करते हैं।
अथॉरिटी में बैठे लोगों को ये जांच करनी चाहिए:
क्या मेरा विश्वास किसी रहस्य से जुड़ा है —
या विरासत में मिली परंपरा से?
क्या मेरा अधिकार जीवन का निर्माण कर रहा है -
या अहंकार का बचाव कर रहा है?
क्या मेरा अनुशासन धार्मिकता उत्पन्न कर रहा है -
या भय?
अथॉरिटी न्यूट्रल नहीं है।

यह जो कुछ भी ले जाता है उसे कई गुना बढ़ा देता है।

चिंतन प्रश्न

1. किसी की ज़िंदगी में मेरा अधिकार कहाँ है?
2. क्या मेरी लीडरशिप सच्चाई पर आधारित है या घमंड पर?
3. क्या मैंने खुलासे से ज़्यादा परंपरा का बचाव किया है?
4. क्या मेरा अनुशासन प्यार बढ़ाता है या डराता है?
5. किन विश्वासों की मैंने कभी गहराई से जांच नहीं की?

बिना बचाव के जवाब दें।

घोषणा

ज़ोर से कहो:
"मैं सिर्फ़ परंपरा नहीं, बल्कि खुलासे की तलाश करूँगा।
मेरा अधिकार सच्चाई को दिखाएगा। मेरा अनुशासन जीवन पैदा करेगा। मैं अंधे जोश को मना करता हूँ। मैं रोशनी की तलाश करता हूँ।"
इसे जानबूझकर दोहराएं।

संरचित प्रार्थना (40 मिनट)

1. पूजा (10 मिनट)
परमेश्वर को सबसे बड़ा अधिकार मानकर उसका आदर करें।
2. पछतावा (10 मिनट)
घमंड या बिना जांचे-परखे रिवाज को मानना।
3. रोशनी (10–15 मिनट)
रहस्योद्घाटन और समझ के लिए पूछें।
4. रीअलाइनमेंट (5–10 मिनट)
अपना असर परमेश्वर की सच्चाई पर डालें।
इसके साथ घनिष्ठ:

“मेरी लीडरशिप रोशनी में बनी रहे।”

कार्रवाई के बिंदु

आज आप:

1. बिना किसी सवाल के, आपको विरासत में मिली एक मान्यता की जांच करें।
2. किसी अंदाज़े पर भरोसा करने के बजाय किसी एक धर्मग्रंथ का गहराई से अध्ययन करें।
3. अगर आपकी अथॉरिटी से किसी को दुख पहुंचा है तो माफी मांगें।
4. पिताओं और नेताओं के लिए प्रार्थना करें।
5. सच्चाई और विनम्रता के साथ नेतृत्व करने के लिए प्रतिबद्ध रहें।

दिन 15

मौन विश्वास की शक्ति

कहानी एंकर

वह धर्म बदलने वाली पहली महिला थीं।
उसके बेटे नहीं।
पब्लिक प्रीचर भी नहीं।
उसकी।
एक स्ट्रक्चर्ड इस्लामिक घर के अंदर।
एक डिसिप्लिन्ड पति के अंडर। एक ऐसे धार्मिक माहौल में जो गलत काम को बर्दाश्त नहीं करता था।
उसने शादी नहीं छोड़ी।
उसने घर नहीं छोड़ा। उसने बदला नहीं लिया।
वह वहीं रही।
उसने प्रार्थना की।
उसने सहन किया। उसने तनाव को झेला।
उनका धर्म बदलना ज़ोरदार नहीं था।
यह तो जिया गया था।
उसके बेटे देख रहे थे।
उसके पति ने रिएक्ट किया। घर बदल गया।
लेकिन वह खड़ी रही।
इतिहास अक्सर दिखने वाले उपदेशक को हाईलाइट करता है।
लेकिन स्वर्ग अक्सर छिपे हुए मध्यस्थ को चिह्नित करता है।

पब्लिक सरेंडर से पहले
प्राइवेट प्रार्थना हुई।

धर्मग्रंथ एंकर

पुराना नियम

"हन्ना मन ही मन बोलती थी; उसके होंठ तो हिलते थे, पर उसकी आवाज़ सुनाई नहीं देती थी।"
— 1 शमूएल 1:13
मौन प्रार्थना पीढ़ियों को बदल सकती है।

नया करार

"नेक इंसान की असरदार और दिल से की गई प्रार्थना बहुत फ़ायदेमंद होती है।"
— याकूब 5:16
मध्यस्थता अनदेखी सच्चाइयों को बदल देती है।

पाठ

हर ताकत ज़ोरदार नहीं होती।
कुछ सबसे शक्तिशाली आध्यात्मिक आंदोलन एक व्यक्ति के प्रार्थना छोड़ने से इनकार करने से शुरू होते हैं।
माँ रोज़ाना धर्मशास्त्र पर बहस नहीं करती थीं।
वह दृढ़ विश्वास की मूर्ति थीं।
उसने बदलाव को ज़बरदस्ती नहीं किया।
उसने उसे अपने साथ रखा।
उसकी ताकत थी कंसिस्टेंसी।
कई मानने वाले लोग दिखने वाला असर चाहते हैं।

बहुत कम लोग चुपचाप सहन करने को तैयार हैं।
प्रार्थना कमज़ोरी नहीं है।
यह युद्ध है।
धीरज निष्क्रियता नहीं है।
यह संयम के तहत ताकत है।
अगर उसने गुस्से में रिएक्ट किया होता, तो
घर हमेशा के लिए टूट सकता था।
इसके बजाय, उसने सोच-समझकर सब कुछ सहा।

चिंतन प्रश्न

1. भगवान ने मुझे भागने के बजाय सहने के लिए कहाँ बुलाया है?
2. क्या मेरी प्रार्थना की ज़िंदगी एक जैसी है या रिएक्टिव?
3. क्या मैं मुश्किल माहौल को बहुत जल्दी छोड़ देता हूँ?
4. क्या मैंने शांत वफ़ादारी की ताकत को कम आंका है?
5. मेरी कंसिस्टेंसी से जेनरेशन पर क्या असर पड़ सकता है?

धीरे-धीरे जवाब दें।

घोषणा

ज़ोर से कहो:
"मेरी लगन में ताकत है।
मेरी दुआएं बेकार नहीं जातीं। मैं बिना किसी कड़वाहट के सहूंगा। मैं बिना किसी दबाव के असर डालूंगा। मेरा विश्वास पक्का रहेगा।"
इसे शांति से दोहराएं।

संरचित प्रार्थना (40 मिनट)

1. आराधना (10 मिनट)

परमेश्वर का आदर करें क्योंकि वह गुप्त रूप से देखता है।

2. प्रार्थना (15 मिनट)
अपने परिवार और आने वाली पीढ़ियों के लिए प्रार्थना करें।
3. ताकत (10 मिनट)
मुश्किल जगहों पर धीरज के लिए कहें।
4. सरेंडर (5 मिनट)
बेसब्री और फ्रस्ट्रेशन को बाहर निकालें।
इसके साथ घनिष्ठ:
"मुझे शांत विश्वास में मजबूत करें।"

कार्रवाई के बिंदु

आज आप:

1. अपने परिवार के लिए 20 मिनट बिना रुके प्रार्थना करें।
2. अपने घर से एक रिएक्शनरी आदत हटा दें।
3. उन लोगों के नाम लिख लें जिनके लिए आप रोज़ प्रार्थना करेंगे।
4. टेंशन के बीच दयालुता का एक काम चुनें।
5. 7 दिनों तक लगातार प्रार्थना करने का वादा करें।

दिन 16

जब आपको पहले दोषी ठहराना महंगा पड़ता है

कहानी एंकर

ईसा के सबके सामने सरेंडर करने से पहले ही उसका बड़ा भाई हद पार कर चुका था।
उनका नाम लिया गया।
उनका स्टैंड साफ़ दिख रहा था। उनका पक्का इरादा छिपा नहीं था।
जब उन्होंने अपना विश्वास बताया, तो तनाव बढ़ गया।
रिएक्शन सिर्फ़ बोलकर नहीं था।
एक तलवार उठाई गई।
यह हमला जान लेने के लिए किया गया था।
यह कोई सिंबॉलिक गुस्सा नहीं था।
यह एग्ज़िक्यूशन-लेवल की गंभीरता थी।
लेकिन हड़ताल कभी नहीं हुई।
इससे पहले कि ब्लेड उस तक पहुंच पाता, उसे उस जगह से पास की दूसरी जगह ले जाया गया।
बाद में उन्होंने गवाही दी कि उन्हें सुपरनैचुरली दूसरी जगह भेज दिया गया था।
उस पल ने सब कुछ बदल दिया।
सज़ा ने हिंसा शुरू कर दी थी।
बचाव ने मकसद बताया।
वह मरा नहीं।
उन्होंने अपना बयान वापस नहीं लिया।
वह पीछे नहीं हटा।
कई सालों बाद, वह मिनिस्ट्री लीडरशिप में काम करेंगे।
धर्म बदलने के लिए जो लगभग मारा गया था, वह चरवाहा बन गया।
पहले सज़ा।
फिर धमकी। फिर बचाव। फिर बुलावा।

धर्मग्रंथ एंकर

पुराना नियम

“जब उन्होंने उसे आग में फेंका... आग ने उनके शरीर को नुकसान नहीं पहुँचाया।”

— डैनियल 3:27

प्रिजर्वेशन असाइनमेंट को कन्फर्म करता है।

नया करार

“उन्होंने उन्हें बुलाया और आज्ञा दी कि कुछ भी न बोलें... लेकिन पीटर और जॉन ने उत्तर दिया, 'हम बोले बिना नहीं रह सकते।'”

— प्रेरितों के काम 4:18–20

धमकी के बावजूद भी विश्वास बोलता है।

पाठ

हर परिवार में कोई न कोई पहले आता है।

सबसे पहले खड़े होने वाले।

सबसे पहले बोलने वाले। सबसे पहले रिएक्शन को समझने वाले।

पहले वाले को अक्सर सबसे ज़्यादा विरोध झेलना पड़ता है।

लेकिन वे दूसरों के लिए भी रुकावट को तोड़ते हैं।

उनका यह रुख ईसा के सरेंडर से पहले का है।

उनका बचाव मूक गवाह बन गया।

आपकी हिम्मत किसी और के बदलाव का रास्ता तैयार कर सकती है।

अगर वह पीछे हट जाता तो

डर बढ़ जाता।

अगर वह अपनी बात से मुकर जाता तो

सच के खिलाफ़ अथॉरिटी और मज़बूत हो जाती।

लेकिन वह खड़ा रहा।

जनता का यकीन महंगा पड़ता है।

लेकिन यह कैटेलिटिक है।

चिंतन प्रश्न

1. क्या मैं बात मानने में सबसे आगे रहने को तैयार हूँ?
2. मैंने कहाँ साफ़ यकीन से परहेज़ किया है?
3. क्या मेरी चुप्पी ने किसी और की हिम्मत कम कर दी है?
4. कौन सा डर मुझे सबके सामने खड़े होने से रोकता है?
5. अगर आज्ञा मानने के बाद बचाव होता है, तो भगवान मुझमें क्या बचा रहे होंगे?

ईमानदारी से जवाब दें।

घोषणा

ज़ोर से कहो:

"अगर मैं पहले खड़ा होऊं, तो भी मैं खड़ा रहूंगा।
मैं धमकी से पीछे नहीं हटूंगा। मेरी बात मानने से दूसरों के लिए रास्ता बनता है। भगवान जो तय करते हैं, उसे सुरक्षित रखते हैं।"

इसे दृढ़ता से दोहराएं।

संरचित प्रार्थना (40 मिनट)

1. पूजा (10 मिनट)

भगवान को रक्षक और पालने वाले के रूप में सम्मान दें।

2. साहस (10–15 मिनट)

सबके सामने खड़े होने के लिए ताकत मांगें।

3. सुरक्षा (10 मिनट)

दिखने वाली आज्ञाकारिता पर ईश्वरीय सुरक्षा के लिए प्रार्थना करें।

4. प्रार्थना (5 मिनट)

किसी ऐसे व्यक्ति के लिए प्रार्थना करें जिसे हिम्मत की ज़रूरत है।

इसके साथ घनिष्ठ:

"मैं बिना किसी डर के खड़ा हूं।"

कार्रवाई के बिंदु

आज आप:

1. एक ऐसा एरिया पहचानें जहाँ आपको उदाहरण देकर लीड करना चाहिए।
2. आज्ञा मानने का एक साफ़ कदम उठाएँ।
3. जो व्यक्ति खड़े होने में हिचकिचा रहा है, उसे हिम्मत दें।
4. दानिय्येल 3 को धीरे-धीरे पढ़ें।
5. डर से होने वाली चुप्पी को नकारें।

दिन 17

जब रहस्योद्घाटन पर्याप्त नहीं है

कहानी एंकर

मैदुगुरी में कुछ ऐसा हुआ जो नॉर्मल तरीके से समझ में नहीं आता।
उन्होंने बताया कि उन्हें ले जाया गया - उन्हें नरक दिखाया गया।
वह लोगों को पहचानता था।
अपराधी नहीं।
अजनबी नहीं।
शिक्षक.
इस्लामी विद्वान।
आदरणीय पुरुषो!
जिन लोगों को उन्होंने सम्मानित किया था।
वह मानता था कि वे लोग नेक हैं।
उसने तकलीफ़ देखी।
फिर उसने स्वर्ग देखा।
व्यवस्था.
प्रकाश. शांति.
वह उस मुठभेड़ से हिलकर लौटा।
लेकिन उसने सरेंडर नहीं किया।
रहस्योद्घाटन ने उसे परेशान कर दिया।
इससे वह अभी तक परिवर्तित नहीं हुआ।
यह पूरी कहानी में सबसे गंभीर सच्चाईयों में से एक है।

आप आध्यात्मिक सच्चाई देख सकते हैं —
और फिर भी विरोध कर सकते हैं।
आप ईश्वरीय संपर्क का सामना कर सकते हैं -
और फिर भी आज्ञाकारिता में देरी कर सकते हैं।
जानकारी बदलाव की गारंटी नहीं देती।

धर्मग्रंथ एंकर

पुराना नियम

"बिलाम ने देखा... यहोवा का दूत रास्ते में खड़ा है... फिर भी उसका मन इनाम पाने पर लगा हुआ था।"
— गिनती 22:31–32 (संदर्भ)
देखने से हमेशा इच्छा नहीं बदलती।

नया करार

"यीशु ने उनके सामने इतने सारे चमत्कार दिखाए, फिर भी उन्होंने उस पर विश्वास नहीं किया।"
— यूहन्ना 12:37
चमत्कार पक्की इच्छाशक्ति पर हावी नहीं होते।

पाठ

बहुत से लोग रहस्योद्घाटन की मांग करते हैं।
बहुत कम लोग इसका जवाब देते हैं।
आप कह सकते हैं:
"काश मैंने कुछ शक्तिशाली देखा होता, तो मैं बदल जाता।"
लेकिन दिल अनुभव से भी गहरा है।
रहस्योद्घाटन उजागर करता है।
इच्छाशक्ति फैसला करती है।
आप शायद पहले से ही जानते होंगे:

- समझौते के नतीजे।
- पाप की कीमत.
- आज्ञा मानने की ज़रूरत।
- अनंत काल की सच्चाई।

लेकिन बिना सरेंडर के ज्ञान बोझ बन जाता है।
एक्सपोज़र और ओबिडियंस के बीच एक खतरनाक गैप है।
आप जितने ज़्यादा समय तक वहाँ रहेंगे,
सरेंडर करना उतना ही मुश्किल होता जाएगा।

चिंतन प्रश्न

1. अनंत काल के बारे में मैंने कौन से सच सुने हैं लेकिन उन पर अमल नहीं किया?
2. मुझे ऐसा कहाँ महसूस हुआ है कि मुझे यकीन तो हुआ लेकिन जवाब देने में देर हुई?
3. क्या मैं बात मानने के बजाय अनुभवों पर भरोसा करता हूँ?
4. मैंने किस खुलासे को नज़रअंदाज़ किया है?
5. अगर आज मेरी मौत हो जाए, तो क्या मेरी वफ़ादारी पक्की हो जाएगी?

गंभीरता से जवाब दें।

घोषणा

खड़े हो जाओ और घोषणा करो:
"रहस्योद्घाटन मुझे आज्ञाकारिता की ओर ले जाएगा।
मैं समर्पण में देरी नहीं करूंगा। मैं अपना दिल कठोर नहीं करूंगा।
परमेश्वर मुझे जो दिखाएगा, मैं उस पर अमल करूंगा।"
इसे धीरे-धीरे दोहराएं।

संरचित प्रार्थना (40 मिनट)

1. श्रद्धा (10 मिनट)
हमेशा रहने की सच्चाई पर सोचें।

2. कन्फेशन (10 मिनट)
बात मानने में होने वाली खास देरी के बारे में बताएं।

3. सरेंडर (10–15 मिनट)
अपनी इच्छा को फिर से पूरी तरह से क्राइस्ट को सौंप दें।

4. अलाइनमेंट (5 मिनट)
एक नरम, रिस्पॉन्सिव दिल के लिए कहें।
इसके साथ घनिष्ठ:
"मेरा दिल कोमल बना हुआ है।"

कार्रवाई के बिंदु

आज आप:

1. एक ऐसा सच लिखें जिस पर आपने काम करने में देरी की है।
2. आज्ञा मानने की ओर तुरंत एक कदम बढ़ाएँ।
3. गंभीरता के संकेत के रूप में एक ध्यान भटकाने वाली चीज़ से उपवास करें।
4. यूहन्ना 12 को धीरे-धीरे पढ़ें।
5. 5 मिनट चुपचाप अनंत काल के बारे में सोचें।

दिन 18

जब आपका गुरु गिर जाए

कहानी एंकर

इमाम कोई अजनबी नहीं थे।
वह दूर नहीं था।
वह बचपन में मेरे गुरु थे।
उन्होंने उसे धर्मग्रंथ पढ़ाए।
उन्होंने उसे अनुशासन सिखाया। उन्होंने उसे गहरा ज्ञान सिखाया।
उन्होंने उसे एडवांस्ड स्पिरिचुअल प्रैक्टिस से मिलवाया। उन्होंने अथॉरिटी के बारे में उसकी समझ को बनाया।
भरोसा जल्दी ही बन गया था।
सम्मान बहुत गहरा था।
वफ़ादारी मज़बूत थी।
फिर टकराव हुआ।
उन्होंने जिस मुठभेड़ के बारे में बताया, उसमें उन्होंने स्वर्ग से आग को नीचे आते देखा।
और इमाम को झटका लगा।
वह आदमी जिसने उसे ट्रेनिंग दी।
वह अथॉरिटी जिसका उसने सम्मान किया। वह टीचर जिसने उसे बनाया।
गया।
वह पल सिर्फ मौत के बारे में नहीं था।
यह गिरने के बारे में था।

जब आपको बनाने वाली चीज़ गिर जाती है, तो
आपको चुनने के लिए मजबूर होना पड़ता है।
क्या आप वफ़ादारी से चिपके रहेंगे -
या खुलासे पर प्रतिक्रिया देंगे?
किसी गुरु से अलग होना कोई आसान बात नहीं है।
यह इमोशनल है।
यह भटकाने वाला है। यह धोखे जैसा लगता है।
लेकिन कभी-कभी भगवान उस अधिकार का सामना करते हैं जिसने आपको बनाया है
ताकि आपकी वफ़ादारी पूरी तरह से ट्रांसफर हो सके।

धर्मग्रंथ एंकर

पुराना नियम

"जब एलिय्याह उसके पास से गुज़रा, तो एलीशा ने... बैलों को मार डाला... हल चलाने के औज़ार जला दिए... और एलिय्याह के पीछे-पीछे चला।"

— 1 राजा 19:21

बदलाव के लिए अलग होना ज़रूरी है।

नया करार

"जो कोई अपने पिता या माता को मुझसे ज़्यादा प्यार करता है, वह मेरे लायक नहीं है।"

— मैथ्यू 10:37

वफ़ादारी को लगाव से ऊपर होना चाहिए।

पाठ

मेंटर पहचान बनाते हैं।
आध्यात्मिक पिता दुनिया को देखने का नज़रिया बनाते हैं।
टीचर विश्वास को आकार देते हैं।

लेकिन कोई भी गुरु सत्य से बड़ा नहीं है।
वफादारी तब खतरनाक हो जाती है जब वह खुलासे पर हावी हो जाती है।
विरासत में मिले सिस्टम से अलग होना अंदर से हिंसक लग सकता है।
आप जान-पहचान खो देते हैं।
आप स्ट्रक्चर खो देते हैं। आप अप्रूवल खो देते हैं।
आपको दुख भी हो सकता है।
लेकिन ग्रोथ के लिए उस चीज़ से अलग होना ज़रूरी है जो अब सच नहीं है।
गुरु पर जो आग लगी, वह सिर्फ़ तबाही के बारे में नहीं थी।
यह एक्सपोज़र के बारे में था।
भगवान कभी-कभी उस अधिकार को खत्म कर देते हैं जिस पर आप निर्भर थे।
आपको नष्ट करने के लिए नहीं,
बल्कि आपको मुक्त करने के लिए।

चिंतन प्रश्न

1. मेरी आध्यात्मिक पहचान को सबसे ज़्यादा किसने बनाया है?
2. क्या मैंने किसी गुरु को सत्य से ऊपर उठाया है?
3. उन सिस्टम का बचाव कहां करूं जिनकी मैंने कभी जांच नहीं की?
4. मुझे किस अथॉरिटी से सवाल करने में डर लगता है?
5. क्या मेरी वफ़ादारी मसीह के प्रति है - या किसी व्यक्तित्व के प्रति?

ध्यान से जवाब दें।

घोषणा

ज़ोर से कहो:

"मेरी वफ़ादारी सबसे ऊपर क्राइस्ट के प्रति है।
कोई भी गुरु सच्चाई से बढ़कर नहीं है। मैं गलत वफ़ादारी छोड़ता हूँ। मैं परंपरा के बजाय खुलासे को चुनता हूँ।"
इसे धीरे-धीरे दोहराएं।

संरचित प्रार्थना (40 मिनट)

1. श्रद्धा (10 मिनट)
मसीह को सबसे बड़े अधिकारी के रूप में सम्मान दें।

2. रिलीज़ (10–15 मिनट)
किसी भी गलत वफ़ादारी को नाम दें और उसे सरेंडर करें।

3. हीलिंग (10 मिनट)
जहाँ अलगाव से दुख हुआ है, वहाँ इमोशनल क्लैरिटी के लिए प्रार्थना करें।

4. अलाइनमेंट (5 मिनट)
मसीह को अपना एकमात्र प्रभु मानें।
इसके साथ घनिष्ठ:
"मेरी वफ़ादारी तय है।"

कार्रवाई के बिंदु

आज आप:

1. बिना जांचे-परखे विरासत में मिली एक मान्यता को पहचानें।
2. उस मुद्दे पर खुद से धर्मग्रंथ का अध्ययन करें।
3. किसी पर्सनैलिटी पर अनहेल्दी डिपेंडेंस को हटा दें।
4. आध्यात्मिक स्पष्टता के लिए प्रार्थना करें।
5. मसीह के साथ अपने सीधे रिश्ते को मज़बूत करें।

दिन 19

जब स्वर्ग हिलता है — लेकिन सिर्फ़ एक ही जवाब देता है

कहानी एंकर

आग लग गई।
गुरु हैरान रह गया।
वहां मौजूद लोगों ने कुछ देखा।
लेकिन उन्होंने वह नहीं देखा जो उसने देखा था।
कुछ को तो सिर्फ़ सूजे हुए घाव दिखे।
कुछ को चोट लगी।
कुछ लोगों ने इसके बाद का नज़ारा देखा।
लेकिन उसने ईश्वरीय रुकावट देखी।
एक ही घटना.
अलग सोच. अलग नतीजा.
आग को देखने वाले सभी लोगों को पछतावा नहीं हुआ।
सभी लोग कन्वर्ट नहीं हुए।
लेकिन एक आदमी को चिन्हित किया गया।
आग भीड़ के लिए नहीं थी।
यह उसके लिए था।
स्वर्ग बहुमत से नहीं बदलता।
स्वर्ग काम से चलता है।

धर्मग्रंथ एंकर

पुराना नियम

"तब यहोवा ने अय्यूब को बवंडर में से उत्तर दिया..."

— अय्यूब 38:1

जब भगवान बोलते हैं, तो वह पब्लिक होने से पहले पर्सनल होता है।

नया करार

"और अचानक स्वर्ग से एक रोशनी उसके चारों ओर चमकी... उसके साथ यात्रा करने वाले लोग अवाक खड़े रहे; उन्होंने आवाज़ सुनी लेकिन किसी को नहीं देखा।"

— प्रेरितों के काम 9:3–7

पॉल गिर गया।

बाकी लोग खड़े हो गए।

उसने कुछ शब्द सुने।

उन्होंने आवाज़ सुनी।

एक ही घटना.

अलग-अलग मुलाकात.

पाठ

हर कोई जो सत्ता देखता है, उसे बदलाव का अनुभव नहीं होता।

भीड़ देख सकती है।

कोई भी पछतावा कर सकता है।

जब शहर इमोशनली रिएक्ट करते हैं तो स्वर्ग खुश नहीं होता।

धर्मग्रंथ कहता है:

"एक पापी के पश्चाताप करने पर परमेश्वर के स्वर्गदूतों के सामने आनन्द होता है।"

— लूका 15:10

एक के लिए.

परमेश्वर स्वर्ग और पृथ्वी को हिला देगा।

आग एक दिल पर भी गिर सकती है।

किसी एक व्यक्ति को अंधापन हो सकता है।
एक बवंडर एक नेक आदमी के लिए बोल सकता है।
ईश्वरीय गतिविधि को इस बात से मत मापिए कि कितने लोग जवाब देते हैं ।
इसे आज्ञाकारिता से मापें।
यदि कोई और जवाब नहीं देता -
और आप देते हैं - तो स्वर्ग आनंदित होता है।

चिंतन प्रश्न

1. क्या मैंने यह मान लिया है कि दिखने वाले चमत्कार बड़े पैमाने पर पछतावे की गारंटी देते हैं?
2. क्या मैं जवाब देने से पहले दूसरों का इंतज़ार कर रहा हूँ?
3. क्या मैंने दिव्य मुलाकातों को इसलिए खारिज कर दिया क्योंकि दूसरे बदले नहीं थे?
4. भगवान ने मेरे लिए पर्सनली ऐसा क्या किया है जो दूसरों को पता नहीं चला?
5. अगर सिर्फ़ मैं ही जवाब दे रहा होता, तो क्या मैं फिर भी बात मानता?

गहराई से जवाब दें।

घोषणा

ज़ोर से कहो:
"अगर आसमान हिलता है, तो मैं जवाब दूँगा।
भले ही मैं अकेला खड़ा रहूँ। भगवान का मुझसे मिलना पर्सनल है। मैं भीड़ का इंतज़ार नहीं करूँगा। मैं पछतावा चुनता हूँ।"
इसे धीरे-धीरे दोहराएं।

संरचित प्रार्थना (40 मिनट)

1. श्रद्धा (10 मिनट)
निजी मुलाकातों में परमेश्वर की सर्वोच्चता को स्वीकार करें।
2. आभार (10 मिनट)
अपने जीवन में व्यक्तिगत रहस्योद्घाटन के लिए उसे धन्यवाद दें।
3. सरेंडर (10–15 मिनट)
खुद को फिर से उस "एक" के तौर पर पेश करें जो जवाब देता है।
4. मध्यस्थता (5 मिनट)
दूसरों के लिए प्रार्थना करें - लेकिन अपनी आज्ञाकारिता में देरी न करें।
इसके साथ घनिष्ठ:
"मुझे ही उत्तर देने दो।"

कार्रवाई के बिंदु

आज आप:

1. अपनी ज़िंदगी के किसी एक खास पल के बारे में सोचें जिसकी दूसरों ने कद्र नहीं की।
2. लिखिए कि उस पल ने आपको कैसे बदल दिया।
3. सामूहिक सहमति के मानने का इंतज़ार करना बंद करें।
4. प्रेरितों के काम 9 को धीरे-धीरे पढ़ें।
5. भगवान का शुक्र है कि वह लोगों के लिए काम करता है।

कच्चा सबक

कुछ को घाव दिखे।
उसने आग देखी।
कुछ को चोट लगी।
उसने एक्सपोज़र देखा।
कुछ लोगों ने एक आदमी को गिरते हुए देखा।
उन्होंने अथॉरिटी को खत्म होते देखा।

घटना एक जैसी है.

दिल अलग है.

आप यह कंट्रोल नहीं कर सकते कि दूसरे क्या सोचते हैं।

आप कंट्रोल कर सकते हैं कि आप कैसे जवाब देते हैं।

स्वर्ग एक पर खुश होता है।

वही बनो।

दिन 20

एक के लिए

कहानी एंकर

आग लग गई।
बहुत से लोग मौजूद थे।
केवल एक को पछतावा हुआ।
मैदुगुरी में जब उन्हें ले जाकर नरक और फिर स्वर्ग दिखाया गया, तो दूसरे लोग भी उनके आस-पास मौजूद थे।
लेकिन सिर्फ़ उसे ही ले जाया गया।
सिर्फ़ उसने शहर देखा।
सिर्फ़ उसने तकलीफ़ देखी। सिर्फ़ वह उस शहर से गुज़रा जिसे उसने एक सुंदर सुनहरा शहर बताया। सिर्फ़ वह परेशान होकर लौटा।
बहुत से लोग मौजूद थे।
एक दिखाया गया।
यह मुलाकात तमाशे के लिए नहीं बनाई गई थी।
इसे कन्वर्ज़न के लिए डिज़ाइन किया गया था।
स्वर्ग में चलने के लिए भीड़ की ज़रूरत नहीं होती।
स्वर्ग एक के लिए चलता है।

धर्मग्रंथ एंकर

पुराना नियम

" तब यहोवा ने शैतान से कहा, 'क्या तूने मेरे दास अय्यूब पर ध्यान दिया है?'"

— अय्यूब 1:8

स्वर्ग एक आदमी पर रुक जाएगा।
एक राष्ट्र नहीं।
एक।

नया करार

"तुम में से ऐसा कौन है, जिसकी सौ भेड़ें हों और उनमें से एक खो जाए तो निन्यानवे को तब तक न छोड़े जब तक वह मिल न जाए?"

— लूका 15:4

स्वर्ग एक को बचाने के लिए बहुतों को छोड़ देता है।
और फिर:

"एक पापी के पश्चाताप करने पर परमेश्वर के स्वर्गदूतों के सामने आनन्द होता है।"

— लूका 15:10

हज़ारों नहीं,
एक।

पाठ

आजकल का प्रचार अक्सर सफलता को नंबरों से मापता है।
भीड़ का साइज़.
अटेंडेंस. मेट्रिक्स.
लेकिन स्वर्ग अलग तरह से मापता है।
सरेंडर की क्वालिटी।
ट्रांसफर की गहराई। पछतावे की सच्चाई।
आग की इस घटना में दूसरों ने भी देखा - लेकिन केवल एक का दिल टूटा।
मैदुगुरी में अन्य लोग भी मौजूद थे - लेकिन केवल एक को ही स्वर्ग और नर्क दिखाने ले जाया गया।
सोने के शहर को मनोरंजन के लिए नहीं दिखाया गया था।
यह वफ़ादारी का सामना करने के लिए सामने आया था।

आप हज़ारों लोगों को उपदेश दे सकते हैं।
लेकिन स्वर्ग किसी के लिए हिल रहा होगा।
अगर कोई वफ़ादारी बदलता है, तो
स्वर्ग खुश होता है।
भगवान को अपने काम को सही साबित करने के लिए बड़े पैमाने पर रिएक्शन की ज़रूरत नहीं है।
उसे सरेंडर की ज़रूरत है।

चिंतन प्रश्न

1. क्या मैं आध्यात्मिक प्रभाव को नंबरों से मापता हूँ?
2. क्या मैंने पर्सनल ट्रांसफॉर्मेशन को कम आंका है?
3. अगर सिर्फ़ मैं ही जवाब दे रहा होता, तो क्या मैं फिर भी बात मानता?
4. क्या मैं कमिट करने से पहले ग्रुप मोमेंटम का इंतज़ार कर रहा हूँ?
5. क्या मैं विज़िबिलिटी के साथ-साथ गहराई को भी सेलिब्रेट करता हूँ?

बिना परफॉर्मेंस के जवाब दें।

घोषणा

ज़ोर से कहो:
"मैं भगवान की हरकतों को नंबरों से नहीं मापूंगा।
अगर स्वर्ग मेरे लिए हिलता है, तो मैं जवाब दूंगा। मैं दिखाने से ज़्यादा गहराई को महत्व देता हूं। मैं क्वांटिटी से ज़्यादा क्वालिटी चुनता हूं।
मुझे वही बनने दो।"
इसे धीरे-धीरे दोहराएं।

संरचित प्रार्थना (40 मिनट)

1. श्रद्धा (10 मिनट)
यह मानें कि ईश्वर हर व्यक्ति को देखता है।
2. आभार (10 मिनट)
अपनी ज़िंदगी में हुई पर्सनल मुलाकातों के लिए उन्हें धन्यवाद दें।
3. सरेंडर (10–15 मिनट)
खुद को पूरी तरह से पेश करें, भले ही कोई और साथ न आए।
4. प्रार्थना (5 मिनट)
एक खास व्यक्ति के लिए प्रार्थना करें कि वह मसीह से मिल सके।
इसके साथ घनिष्ठ:
"भले ही मैं अकेला खड़ा रहूं, मैं आज्ञा का पालन करूंगा।"

कार्रवाई के बिंदु

आज आप:

1. आध्यात्मिक सफलता की तुलना भीड़ के आकार से करना बंद करें।
2. जानबूझकर किसी एक व्यक्ति का नाम लेकर उसके लिए प्रार्थना करें।
3. लिखिए कि परमेश्वर ने आपके लिए व्यक्तिगत रूप से क्या किया है।
4. लूका 15 को धीरे-धीरे पढ़ें।
5. पॉपुलैरिटी से ज़्यादा गहराई पर ध्यान दें।

गहरा पैटर्न

पॉल गिर गया।
दूसरों ने आवाज़ सुनी।
जॉब का टेस्ट किया गया।
दुनिया चलती रही।

चरवाहा निन्यानबे छोड़ गया।
एक के लिए.
मैदुगुरी में:
बहुत से लोग पास थे। सिर्फ़ एक को स्वर्ग दिखा। सिर्फ़ एक ने सुनहरा शहर देखा। सिर्फ़ एक अंदर की परेशानी के साथ लौटा।
स्वर्ग को सामूहिक सहमति की ज़रूरत नहीं है।
स्वर्ग समर्पित दिलों को खोजता है।
वह दिल बनो।

दिन 21

गोली लगी. मारा गया. मरा हुआ मान लिया गया.

कहानी एंकर

इससे पहले भी विरोध बढ़ गया था।
धमकियां असली थीं।
लेकिन इस बार यह चेतावनी नहीं थी।
यह एक्ज़ीक्यूशन था।
उस पर हमला हुआ।
गोलीबारी शुरू हो गयी।
गोलियां उसके शरीर में घुस गईं।
मेटल ने उसके सिर पर ज़ोर से वार किया।
उसके सिर से खून बहने लगा।
टक्कर से हड्डी टूट जानी चाहिए थी।
खोपड़ी नहीं टूटी।
खून बहुत ज़्यादा बह रहा था।
उसे चोट लगी।
वह गिर गया। उसे मरा हुआ मान लिया गया।
उन्हें एक गाड़ी में रखा गया - बचाने के लिए नहीं, बल्कि ऐसे जैसे वो पहले से ही मरे हुए लोगों में गिने जा रहे हों।
लेकिन वह मरा नहीं था।
उसे होश आ गया।
बाद में उन्होंने बताया कि उनके शरीर से कई गोलियां निकाली गईं।

धातु मांस में प्रवेश कर गई - लेकिन महत्वपूर्ण अंगों को नष्ट नहीं किया।

सिर के घाव से बहुत खून बह रहा था - लेकिन खोपड़ी सही सलामत थी।

डॉक्टर यह नहीं बता पाए कि नुकसान ज़्यादा क्यों नहीं हुआ।

यह कोई परेशानी वाली बात नहीं थी।

यह मौत के करीब था।

और यह पहला प्रयास नहीं था।

उनके अनुसार, कई बार हत्या की कोशिश की गई - सात से ज़्यादा।

प्रिजर्वेशन कोई थ्योरी नहीं थी।

इसे दोहराया गया।

एक समय पर, चोटों की गंभीरता और लगातार खतरे के कारण, नेशनल लेवल पर दखल देकर उन्हें इलाज के लिए देश से बाहर यूनाइटेड स्टेट्स ले जाने का इंतज़ाम किया गया।

ज़िंदा रहना चमत्कार से ज़रूरी हो गया।

वह मरा नहीं।

लेकिन इसकी कीमत खून थी।

धर्मग्रंथ एंकर

पुराना नियम

"हज़ार लोग तेरे पास गिर सकते हैं, और दस हज़ार तेरे दाहिने हाथ पर; परन्तु वह तेरे पास न आएगा।"

— भजन 91:7

मौत के करीब होना हार नहीं है।

नया करार

"उन्होंने पौलुस को पत्थर मारकर शहर के बाहर घसीटा, यह सोचकर कि वह मर गया है। लेकिन जब चेले उसके चारों ओर इकट्ठा हो गए, तो

वह उठ खड़ा हुआ…”
— प्रेरितों के काम 14:19–20
मृत मान लिया गया।
लेकिन अभी ख़त्म नहीं हुआ।

पाठ

ऐसे समय आते हैं जब बात मानने के लिए खून की कीमत चुकानी पड़ती है।
यह कोई मामूली असुविधा नहीं है।
सामाजिक परेशानी नहीं।
लेकिन असली नुकसान.
फिर भी उस लेवल के हमले में ज़िंदा रहना एक सवाल है:
मुझे क्यों बचाया गया?
हर कोई गोलीबारी से नहीं बचता।
बार-बार कोशिश करने पर भी हर कोई बच नहीं पाता।
अगर प्रिजर्वेशन दोहराया गया, तो
असाइनमेंट सीरियस होना चाहिए।
हो सकता है आपको कभी गोलियों का सामना न करना पड़े।

लेकिन आपने ऐसे पलों का सामना किया है जो आपको खत्म कर सकते थे:

- शारीरिक संकट।
- दुर्घटना।
- गिर जाना।
- इमोशनल ब्रेकडाउन।
- ऐसे फैसले जो आपका भविष्य बर्बाद कर सकते थे।

आप अब भी वहां हो।

बचाव से ज़िम्मेदारी बढ़ जाती है।
बचाव जितना ज़्यादा होगा,
बुलावा उतना ही गंभीर होगा।

चिंतन प्रश्न

1. मैंने ऐसी कौन सी चीज़ झेली है जिसका अंत अलग होना चाहिए था?
2. क्या मैं प्रिजर्वेशन को हल्के में लेता हूँ?
3. कौन सा काम मेरे बचने को सही ठहरा सकता है?
4. क्या मैं सावधानी से जी रहा हूँ या लापरवाही से?
5. अगर मुझे सच में लगता कि मेरी ज़िंदगी किसी मकसद के लिए बची है, तो क्या बदलेगा?

खास तौर पर लिखें।

घोषणा

खड़े हो जाओ और घोषणा करो:
"मैं किसी दुर्घटना से ज़िंदा नहीं हूँ।
जिसे मुझे खत्म कर देना चाहिए था, उसने ऐसा नहीं किया। मेरा ज़िंदा रहना एक काम है। मैं बचाई हुई ज़िंदगी बर्बाद नहीं करूँगा।"
इसे पूरे यकीन के साथ दोहराएं।

संरचित प्रार्थना (45 **मिनट**)

1. आभार (10 **मिनट**)
जीवन बचाने के लिए भगवान का शुक्रिया।

2. श्रद्धा (10 **मिनट**)
सोचें कि विनाश कितना करीब आ गया था।

3. सरेंडर (15 **मिनट**)
अपना भविष्य पूरी तरह से उसके मकसद के लिए सौंप दें।

4. हिम्मत (10 मिनट)

बिना डरे असाइनमेंट पूरा करने के लिए हिम्मत मांगें।

इसके साथ घनिष्ठः

"यदि आपने मुझे संरक्षित किया है, तो मेरा उपयोग करें।"

कार्रवाई के बिंदु

आज आपः

1. उन पलों को लिखें जिन्होंने आपको लगभग बर्बाद कर दिया था।
2. आराम से जीने का पछतावा करें।
3. एक सेल्फ-डिस्ट्रक्टिव पैटर्न हटा दें।
4. भजन 91 को ज़ोर से पढ़ें।
5. कॉल करने की दिशा में एक बड़ा कदम उठाएं।

कच्ची वास्तविकता

खून बहने लगा।

धातु हड्डी से टकराई।

गोलियां मांस में घुस गईं।

उसे ऐसे ले जाया गया जैसे वह खत्म हो गया हो।

लेकिन वह उठ खड़ा हुआ।

पॉल की तरह, मृत मान लिया गया - लेकिन पूरा नहीं हुआ।

हिंसा के तहत बचाव से गर्व पैदा नहीं होता।

इससे अर्जेंसी पैदा होती है।

दिन 22

बड़े पैमाने पर संरक्षित

कहानी एंकर

यह हमला सांकेतिक नहीं था।
गोलीबारी शुरू हो गयी।
गोलियां उसके शरीर में घुस गईं।
मेटल ने उसके सिर पर ज़ोर से वार किया।
उसके चेहरे से खून बहने लगा।
गवाहों का मानना था कि वह मर चुका है।
वह एक खत्म हो चुके आदमी की तरह बह गया।
लेकिन वह अभी खत्म नहीं हुआ था।
उसे होश आ गया।
बाद में डॉक्टरों ने उसके शरीर से कई गोलियां निकालीं।
धातु मांस में प्रवेश कर गयी थी - लेकिन महत्वपूर्ण अंग बच गये।
सिर के घाव से बहुत खून बह गया - परंतु खोपड़ी में फ्रैक्चर नहीं हुआ।
नुकसान बहुत ज़्यादा होना चाहिए था।
ऐसा नहीं था।
यह कोई मामूली चोट नहीं थी।
यह लगभग एग्ज़िक्यूशन था।
और यह पहला प्रयास नहीं था।
उनके अनुसार, कई बार हत्या की कोशिश की गई - सात से ज़्यादा।
प्रिजर्वेशन बार-बार होने लगा था।
खतरे का लेवल बढ़ गया।

यह लोकल दुश्मनी से कहीं ज़्यादा हो गया।
यह राष्ट्रीय चिंता बन गई।
उस समय नाइजीरिया के राष्ट्रपति गुडलक जोनाथन थे - जो एक ईसाई नेता थे।
हस्तक्षेप सबसे ऊंचे लेवल पर हुआ।
मेडिकल जांच और इलाज के लिए उन्हें अमेरिका ले जाने का इंतज़ाम किया गया।
गोली चलने के बाद।
खून बहने के बाद। सिर में चोट लगने के बाद।
उसकी अच्छी तरह से जांच की गई।
नतीजे साफ़ थे:
ज़िंदा।
सोचने-समझने की क्षमता ठीक है। कोई पक्का न्यूरोलॉजिकल नुकसान नहीं। कोई खोपड़ी का फ्रैक्चर नहीं। कोई बनावट में कमी नहीं।
वह सही-सलामत बच गया।
लेकिन खतरा टला नहीं।
सुरक्षा ज़रूरी हो गई।
एस्कॉर्ट्स नियुक्त किए गए।
मूवमेंट को सावधानी से किया गया।
यात्रा अब आम बात नहीं रही।
सिक्योरिटी ने उसे घेर लिया।
जब किसी आदमी को एस्कॉर्ट्स के साथ घूमना पड़ता है, तो इसका मतलब है कि खतरा असली है।
बचाव साफ़ दिखने लगा था।
वह जीवित था।
लेकिन उसे मार्क कर दिया गया।

धर्मग्रंथ एंकर

पुराना नियम

“दानिय्येल को मांद से बाहर निकाला गया, और उस पर कोई चोट नहीं पाई गई, क्योंकि वह अपने परमेश्वर पर विश्वास करता था।”

— दानिय्येल 6:23

अंदर फेंका गया।

बाहर निकाला गया। अंदर से अछूता।

नया करार

“सेनापति ने आदेश दिया कि पौलुस को बैरक में ले जाया जाए… और आदेश दिया कि सैनिक उसकी सुरक्षा करें।”

— प्रेरितों के काम 23:10

सुरक्षित क्योंकि असाइनमेंट बना रहा।

पाठ

इस लेवल पर बचाव आराम नहीं है।

यह कन्फर्मेशन है।

जब गोलियां आपको खत्म नहीं करतीं,

जब खोपड़ी नहीं टूटती, जब जांच से कोई पक्का नुकसान नहीं पता चलता, जब देश की सरकार दखल देती है, जब सुरक्षाकर्मी भेजे जाते हैं —

आपको पूछना चाहिए:

मुझे क्यों बख्शा गया?

ज़िंदा रहने से ज़िम्मेदारी बढ़ती है।

सुरक्षा से जवाबदेही बढ़ती है।

अगर भगवान आपको निजी तौर पर सुरक्षित रखते हैं, तो

शुक्रगुजार रहें।

अगर वह तुम्हें सबके सामने बचाता है, तो

होश में रहो।

अगर वह तुम्हें चारों ओर से घेरे हुए है, तो
लापरवाही से मत जियो।
आप सुविधा के लिए जीवित नहीं हैं।
आप असाइनमेंट के लिए ज़िंदा हैं।

चिंतन प्रश्न

1. क्या मैं किसी ऐसी चीज़ से बच गया हूँ जिसका अंत अलग तरह से होना चाहिए था?
2. क्या मैं प्रिज़र्व्ड लाइफ़ को हल्के में लेता हूँ?
3. बख्श दिए जाने पर क्या ज़िम्मेदारी आती है?
4. क्या मैं जानबूझकर जी रहा हूँ?
5. अगर भगवान ने मुझे सुरक्षा दी है, तो क्या मेरा जीवन इसे सही ठहराएगा?

ईमानदारी से जवाब दें।

घोषणा

खड़े हो जाओ और घोषणा करो:
"मेरी ज़िंदगी एक मकसद के लिए बचाकर रखी गई है।
जिसे मुझे खत्म कर देना चाहिए था, उसने ऐसा नहीं किया। मैं ज़िम्मेदारी से जीऊँगा।
मैं भगवान की दया को बर्बाद नहीं करूँगा।
बचाना काम को पक्का करता है।"
इसे धीरे-धीरे दोहराएं।

संरचित प्रार्थना (45 मिनट)

1. आभार (10 मिनट)

जीवन बचाने के लिए भगवान का शुक्रिया।

2. श्रद्धा (10 मिनट)

मान लें कि विनाश कितना करीब आ गया था।

3. सरेंडर (15 मिनट)

अपना भविष्य जानबूझकर भगवान को सौंप दें।

4. कमीशन (10 मिनट)

अपनी कॉलिंग को पूरा करने के लिए हिम्मत मांगें।

इसके साथ घनिष्ठ:

"यदि आपने मुझे संरक्षित किया है, तो मेरा उपयोग करें।"

कार्रवाई के बिंदु

आज आप:

1. उन पलों को लिखें जिन्हें आपने सहेज कर रखा था।
2. एक लापरवाह व्यवहार को खत्म करें।
3. दानिय्येल 6 को धीरे-धीरे पढ़ें।
4. अनदेखी सुरक्षा के लिए भगवान का शुक्रिया।
5. मकसद की ओर एक सोचा-समझा कदम उठाएँ।

दिन 23

चिह्नित — लेकिन अविचलित

कहानी एंकर

शूटिंग के बाद.
खाली करने के बाद।
मेडिकल क्लीयरेंस के बाद।
एस्कॉर्ट्स नियुक्त किए जाने के बाद।
ज़िंदगी नॉर्मल नहीं हुई।
अब वह गुमनाम नहीं था।
उसे मार्क किया गया।
प्रतीकात्मक रूप से नहीं।
सक्रिय रूप से।
सिक्योरिटी उनके साथ थी।
मूवमेंट के लिए कोऑर्डिनेशन की ज़रूरत थी।
पब्लिक प्रेजेंस के लिए असेसमेंट ज़रूरी है।
खतरे का लेवल अफवाह नहीं था।
उन पर नज़र रखी गई।
सावधान रहना ही जागरूक रहना है।
जागरूक होकर जीना ही अनुशासन में जीना है।
लेकिन यहाँ ज़रूरी हिस्सा है:
उन्होंने उपदेश देना बंद नहीं किया।
वह फोन करने से पीछे नहीं हटा।
उन्होंने रिस्क कम करने के लिए मैसेज को कमज़ोर नहीं किया।

उसने जारी रखा।
चिह्नित जीवन जीना — लेकिन अविचलित।

धर्मग्रंथ एंकर

पुराना नियम

"उस दिन से शाऊल दाऊद पर कड़ी नज़र रखने लगा।"
— 1 शमूएल 18:9
देखा.
लक्षित.
अभी भी चुना गया।

नया करार

"क्योंकि मैं उसे बताऊंगा कि मेरे नाम के लिए उसे कितने दुख उठाने होंगे।"
— प्रेरितों के काम 9:16
कन्वर्ज़न से मार्क किया गया।
लेकिन असाइन किया गया।

पाठ

कुछ विश्वासी तभी वफादार रहते हैं जब उन पर ध्यान नहीं दिया जाता।
लेकिन जब बात मानने से ध्यान जाता है, तो
डर समझौते के लिए बातचीत करने लगता है।
मार्क किए जाने से मकसद पता चलता है।

क्या आप सांत्वना के लिए सेवा कर रहे हैं -
या बुलावा देने के लिए?
जब आपकी ज़िंदगी पर नज़र रखी जा रही हो:

- आप ज़्यादा ध्यान से बोलें।
- आप ज़्यादा सोच-समझकर चलते हैं।
- आप ज़्यादा गंभीरता से प्रार्थना करें।

धमकी लापरवाही को शुद्ध करती है।
हो सकता है कि आपके पास कभी एस्कॉर्ट्स न हों।
लेकिन आप आध्यात्मिक रूप से चिह्नित हैं।
दुश्मन गंभीर विश्वासियों को नोटिस करता है।
कैज़ुअल ईसाई धर्म का विरोध बहुत कम होता है।
एकाग्र निष्ठा जांच को आकर्षित करती है।
सवाल यह है की:
क्या विरोध के बारे में पता चलने से आप मैच्योर हो जाएंगे —
या डर जाएंगे?

चिंतन प्रश्न

1. क्या मैं सिर्फ़ तब वफ़ादार हूँ जब मैं दिखाई नहीं देता?
2. अगर मेरी बात मानने पर लोग नाराज़ हो जाएं तो क्या मैं यह काम जारी रखूंगा?
3. ध्यान से बचने के लिए मैंने कहाँ अपना विश्वास कमज़ोर किया है?
4. क्या मैं इस बात से अवगत रहता हूँ कि मेरे जीवन में आध्यात्मिक महत्व है?
5. क्या मैं इतना सीरियस हूँ कि मुझे नोटिस किया जाए?

बिना किसी दिखावे के जवाब दें।

घोषणा

खड़े हो जाओ और घोषणा करो:

"मैं इसलिए पीछे नहीं हटूंगा क्योंकि मुझ पर निशाना साधा जा रहा है। विरोध मुझे और बेहतर बनाएगा। मैं बुलाकर सेवा करता हूं, दिलासा देकर नहीं। मैं अडिग रहता हूं।"

इसे दृढ़ता से दोहराएं।

संरचित प्रार्थना (40–45 मिनट)

1. आराधना (10 मिनट)

अपनी लड़ाइयों में मसीह को प्रभु मानें।

2. ताकत (15 मिनट)

निगरानी में धीरज के लिए प्रार्थना करें।

3. समझदारी (10 मिनट)

दिखने वाली बात मानने में समझदारी मांगें।

4. साहस (5–10 मिनट)

बिना लापरवाही के साहस के लिए प्रतिबद्ध रहें।

इसके साथ घनिष्ठ:

"मैं अडिग खड़ा हूं।"

कार्रवाई के बिंदु

आज आप:

1. एक ऐसा एरिया पहचानें जहां डर ने आपकी बात मानने की आदत को बदल दिया।
2. उस जगह को तुरंत ठीक करें।
3. दुनिया भर में खतरे में जी रहे विश्वासियों के लिए प्रार्थना करें।
4. 1 शमूएल 18 को धीरे-धीरे पढ़ें।
5. अपने जीवन में एक अनुशासन को मजबूत करें।

दिन 24

मानक बढ़ाएँ

कहानी एंकर

आग लगने के बाद.
सरेंडर के बाद।
गोलियों के बाद.
खाली करने के बाद।
एस्कॉर्ट्स के बाद।
असाइनमेंट छोटा नहीं हुआ।
यह तेज हो गया।
उन्होंने सबके सामने कहा है कि जब उन्हें बचाया गया, तो प्रभु ने उनसे कहा:
"जाओ और पहरेदारों को उकसाओ कि वे अपना स्थान ले लें, ताकि मैं लोगों को नष्ट न करूँ।"
यह नरम भाषा नहीं है।
यह जवाबदेही की भाषा है।
कहानी इस तरह आगे बढ़ी:
व्यक्तिगत मुक्ति → सार्वजनिक संरक्षण → राष्ट्रीय संरक्षण।
अब यह इस प्रकार हो गया है:
ज़िम्मेदारी।
संदेश मात्र "सुरक्षित रहें" नहीं था।
यह था "मानक बढ़ाओ।"
क्योंकि उसने देखा था:

बिना ज्ञान के धार्मिक जोश।
चर्च का पाखंड। लीडरशिप में समझौता। आध्यात्मिक आलस।
ज़िंदा रहना छिपने के लिए नहीं था।
यह अलार्म बजाने के लिए था।

धर्मग्रंथ एंकर

पुराना नियम

"हे मनुष्य के सन्तान, मैंने तुझे पहरेदार बनाया है... इसलिए तू मेरे मुँह से वचन सुनकर उन्हें मेरी ओर से चेतावनी देगा।"
— यहेजकेल 33:7
वॉचमैन मनोरंजन नहीं करते।
वे चेतावनी देते हैं।

नया करार

"फिर भी, परमेश्वर की पक्की नींव बनी हुई है... जो कोई मसीह का नाम लेता है, वह अधर्म से दूर रहे।"
— 2 तीमुथियुस 2:19
स्टैंडर्ड को ऊपर उठाना पवित्रता से शुरू होता है।

पाठ

एक समय ऐसा आता है जब व्यक्तिगत विश्वास को सार्वजनिक जिम्मेदारी बन जाना चाहिए।
एक चौकीदार तीन काम करता है:

1. अपनी जगह पर खड़ा है।
2. साफ़-साफ़ देखता है.
3. सच बोलता है.

वॉचमैन पॉपुलर नहीं हैं।
वे ज़रूरी हैं।

जब चौकीदार सोते हैं तो समझौता फैलता है।
जब पहरेदार चुप रहते हैं तो पाखंड फैलता है।
जब वॉचमैन भीड़ में शामिल होते हैं तो नैतिक गिरावट बढ़ जाती है।
आप राष्ट्रीय मंच पर भाषण नहीं दे सकते।
लेकिन कहीं न कहीं आपकी भी ज़िम्मेदारी है।
आपके घर में।
आपके चर्च में। आपके काम करने की जगह पर। आपकी पीढ़ी में।
स्टैंडर्ड बढ़ाने का मतलब लोगों की बुराई करना नहीं है।
इसका मतलब है कि आप जो कहते हैं, उसे जीएं।

चिंतन प्रश्न

1. भगवान ने मुझे पहरेदार के तौर पर कहां रखा है?
2. क्या मैं स्वीकार किए जाने के लिए चुप हो गया हूँ?
3. मैंने समझौता कहाँ बर्दाश्त किया है?
4. क्या मैं उसी लेवल पर जी रहा हूँ जिसकी मैं दूसरों से उम्मीद करता हूँ?
5. मुझे अपनी ज़िंदगी में सबसे पहले कौन सा स्टैंडर्ड ऊपर उठाना चाहिए?

शांत मन से जवाब दें।

घोषणा

खड़े हो जाओ और घोषणा करो:
"मैं अपना पद स्वीकार करता हूँ।
मैं कोई समझौता नहीं करूँगा। मैं अपने क्षेत्र में स्टैंडर्ड बढ़ाऊँगा। मैं जो कहता हूँ, वही जीऊँगा।"
इसे गंभीरता से दोहराएं।

संरचित प्रार्थना (45 मिनट)

1. पूजा (10 मिनट)

परमेश्वर को पवित्र मानकर उसका आदर करें।

2. पछतावा (15 मिनट)

पर्सनल कॉम्प्रोमाइज़ को कबूल करें।

3. प्रार्थना (10 मिनट)

नेताओं और चर्च की पवित्रता के लिए प्रार्थना करें।

4. कमीशन (10 मिनट)

खड़े होने के लिए हिम्मत मांगें।

इसके साथ घनिष्ठ:

"मुझे एक वफ़ादार पहरेदार बनाओ।"

कार्रवाई के बिंदु

आज आप:

1. अपनी ज़िंदगी में किसी एक कॉम्प्रोमाइज़्ड एरिया को पहचानें और उसे ठीक करें।
2. किसी आध्यात्मिक रूप से भटक रहे व्यक्ति को प्रोत्साहित करें।
3. यहेजकेल 33 का गहराई से अध्ययन करें।
4. एक ऐसे असर को हटा दें जो आपके स्पिरिचुअल स्टैंडर्ड को कम करता है।
5. लगातार पर्सनल पवित्रता के लिए कमिटेड रहें।

दिन 25

ऐसा निर्माण करें जो आग से भी अधिक समय तक चले

कहानी एंकर

मिलिटेंट इस्लाम का अपना स्ट्रक्चर था।
प्रार्थना के समय तय किए गए थे।
उपवास अनुशासित था। दोहराव पर ज़ोर दिया गया था।
इंटेंसिटी की ट्रेनिंग दी गई।
जब उन्होंने धर्म बदला, तो सिर्फ़ इमोशन ही काफ़ी नहीं था।
स्ट्रक्चर को फिर से बनाना पड़ा।
अगर डिसिप्लिन्ड गलती से पक्का कमिटमेंट बन सकता है,
तो डिसिप्लिन्ड सच से ज़्यादा मज़बूत सहनशक्ति बननी चाहिए।
गोलियों के बीच भी वह बच नहीं पाया।
फॉर्मेशन ने किया।
ज़ुल्म से विश्वास नहीं बचता।
स्ट्रक्चर करता है।

धर्मग्रंथ एंकर

पुराना नियम

"शाम, सुबह और दोपहर, मैं प्रार्थना करूँगा और ज़ोर से पुकारूँगा, और वह मेरी आवाज़ सुनेगा।"

— भजन 55:17

लय रिश्ते को बनाए रखती है।

नया करार

"क्या तुम मेरे साथ एक घंटा भी जाग नहीं सकते?"

— मत्ती 26:40

एक घंटा।

जानबूझकर। बिना ध्यान भटकाए।

पाठ

कई विश्वासी रिएक्ट करके प्रार्थना करते हैं।

कुछ लोग बनावट के हिसाब से प्रार्थना करते हैं।

रिएक्शनरी प्रार्थना संकट से बच जाती है।

स्ट्रक्चर्ड प्रार्थना सहनशक्ति बढ़ाती है।

आप कैजुअल ईसाई धर्म के साथ मिलिटेंट लेवल का कमिटमेंट नहीं बना सकते।

अगर आपकी भक्ति रैंडम है, तो

आपकी स्टेबिलिटी कमज़ोर होगी।

अनुशासन कानून का राज नहीं है।

यह अलाइनमेंट है।

60 मिनट का रणनीतिक प्रार्थना मॉडल

यह इमोशनल परफॉर्मेंस नहीं है।

यह गठन है।

1 30 मिनट — वह जो है, उसके लिए उसकी आराधना करें

कोई रिक्वेस्ट नहीं.

कोई याचिका नहीं।

केवल आराधना।

- उनकी पवित्रता।
- उसकी संप्रभुता।

- उसकी दया।
- उसका न्याय।
- उसकी वफ़ादारी।

पूजा से नज़रिया फिर से बनता है।

2 10 मिनट — उसकी संप्रभुता की घोषणा करें

ज़ोर से घोषणा करें:

- वह आपके जीवन पर राज करता है।
- वह आपके परिवार पर राज करता है।
- वह आपके बुलावे पर राज करता है।
- वह आपके देश पर राज करता है।

संप्रभुता अधिकार को एक साथ लाती है।

3 10 मिनट — पश्चाताप

अपराध स्वीकार करना:

- समझौता।
- पाखंड।
- आलस्य.
- डर।
- बंटी हुई वफ़ादारी।

पवित्रता शक्ति की रक्षा करती है।

4 10 मिनट — किंगडम-अलाइंड डिक्रीज़

स्वार्थी इच्छाएं नहीं।

शारीरिक महत्वाकांक्षा नहीं।

घोषित करें:

- उसकी इच्छा के साथ तालमेल।

- अपने जीवन में अनुशासन रखें।
- आज्ञा पालन में साहस।
- आचरण में पवित्रता।
- असाइनमेंट पूरा करना।

आदेश पवित्र शास्त्र के अनुसार होने चाहिए।

चिंतन प्रश्न

1. क्या मेरी प्रार्थना अनुशासित है या भावनात्मक?
2. क्या मैं शांति की तुलना में संकट में ज़्यादा देर तक प्रार्थना करता हूँ?
3. मुझे एक घंटे तक फोकस करने से क्या रोकता है?
4. क्या मैं आध्यात्मिक रूप से बना हुआ हूँ?
5. अगर मैं 40 दिनों तक रोज़ाना इसकी प्रैक्टिस करूँ तो क्या बदल सकता है?

ईमानदारी से जवाब दें।

घोषणा

खड़े हो जाओ और घोषणा करो:

"मैं डिसिप्लिन्ड भक्ति बनाऊंगा।

मेरी प्रार्थना स्ट्रक्चर्ड होगी। मेरी वफ़ादारी रोज़ बनेगी। मैं स्पिरिचुअली कैज़ुअल नहीं रहूंगा।"

इसे दृढ़ता से दोहराएं।

संरचित प्रार्थना

आज, पूरा 60 मिनट का मॉडल करें।

कोई शॉर्टकट नहीं.

कोई मल्टीटास्किंग नहीं।

बिना विचलित हुए.

कार्रवाई के बिंदु

1. रोज़ाना एक तय समय तय करें।
2. प्रार्थना के दौरान डिजिटल ध्यान भटकाने वाली चीज़ों को हटा दें।
3. पूजा के दौरान खुलासे लिखें।
4. 7 दिनों तक कंसिस्टेंसी ट्रैक करें।
5. इस समय को नॉन-नेगोशिएबल मानकर सुरक्षित रखें।

दिन 26

परमेश्वर को स्पष्ट रूप से सुनना

कहानी एंकर

उनकी ज़िंदगी में टर्निंग पॉइंट अचानक नहीं आए।
वे दिशा-निर्देशक थे।
मैदुगुरी — एक नज़ारा।
आग लगने का पल — आमना-सामना। होटल में मुठभेड़ — "हम बहुत आगे निकल गए हैं।" कमीशन — "वॉचमेन को भड़काओ।"
ये कोई धुंधले इंप्रेशन नहीं थे।
वे साफ़ थे।
विशिष्ट।
रुकावट डालने वाला.
जब वफ़ादारी बदली, तो
साफ़-सफ़ाई भी आई।
लेकिन स्पष्टता अव्यवस्था से नहीं आई।
यह सरेंडर से आया।
और बाद में - अनुशासन।
जो लोग आराम से रहते हैं, वे शायद ही कभी साफ़ सुन पाते हैं।
जो लोग बंटे हुए रहते हैं, वे गलत सुनते हैं।
जो लोग स्ट्रक्चर्ड होते हैं वे लगातार सुनते हैं ।

धर्मग्रंथ एंकर
पुराना नियम

"हे यहोवा, बोल, क्योंकि तेरा दास सुन रहा है।"
— 1 शमूएल 3:10
सुनने के लिए पॉस्चर की ज़रूरत होती है।

नया करार

"मेरी भेड़ें मेरी आवाज़ सुनती हैं, और मैं उन्हें जानता हूँ, और वे मेरे पीछे-पीछे चलती हैं।"
— यूहन्ना 10:27
सुनना रिलेशनल है।
नीचे दिया गया तरीका सुनने को साबित करता है।

पाठ

कई विश्वासी कहते हैं, "ईश्वर चुप है।"
अक्सर मुद्दा चुप्पी नहीं होता।
यह शोर है।
डर का शोर।
महत्वाकांक्षा का शोर। तुलना का शोर। सोशल मीडिया का शोर।
बिना पछतावे के समझौते का शोर।
अगर आपका दिल बँटा हुआ है तो आप साफ़ नहीं सुन सकते।
क्लैरिटी के लिए ज़रूरी है:

- समर्पण।
- अनुशासन।
- शांत।
- जो पहले ही कहा जा चुका है, उसका पालन करना।

भगवान शायद ही कभी उन लोगों को नई शिक्षा देते हैं जो पिछली शिक्षा को नज़रअंदाज़ करते हैं।
वह सीधे-सीधे बोलता है।
लगातार नहीं।

अगर वह बोलता है, तो यह धर्मग्रंथ के हिसाब से होगा।
यह पवित्रता को बढ़ाएगा। यह बात मानने की मांग करेगा। यह घमंड को नहीं बढ़ाएगा।

चिंतन प्रश्न

1. पिछली बार मैंने कब परमेश्वर द्वारा बताई गई किसी बात का पालन किया था ?
2. कौन सी रुकावटें मेरी आध्यात्मिक सुनने की क्षमता को कम करती हैं?
3. क्या मैं चुप्पी को प्राथमिकता देता हूँ?
4. क्या मैं पिछले दोष को नज़रअंदाज़ करते हुए नए निर्देश का इंतज़ार कर रहा हूँ?
5. अगर आज रात भगवान ने साफ-साफ कहा होता, तो क्या मैं उनकी बात मानता?

ईमानदारी से जवाब दें।

घोषणा

खड़े हो जाओ और घोषणा करो:
"मेरे कान खुले हैं।
मेरा दिल सरेंडर है। मैं ध्यान भटकाने वाली चीज़ों को नहीं मानता। मैं सुनूंगा और मानूंगा।"
धीरे-धीरे दोहराएं।

संरचित प्रार्थना (45 मिनट)

1. आराधना (10 मिनट)

उसे चरवाहा मानें।

2. शांति (10 मिनट)

चुपचाप बैठें। कोई शब्द न बोलें। सुनें।

3. सरेंडर (10 मिनट)

अपना एजेंडा जारी करें।

4. अलाइनमेंट (15 मिनट)

बात मानने के लिए साफ़-साफ़ और हिम्मत मांगें।

इसके साथ घनिष्ठः

"बोलो, प्रभु। मैं जवाब दूँगा।"

कार्रवाई के बिंदु

1. आज 10 मिनट पूरी तरह से शांति में बिताएं।
2. अपने विचारों को लिखें - उन्हें पवित्रशास्त्र से परखें।
3. एक छोटी सी बात तुरंत मान लो।
4. शोर का एक सोर्स कम करें।
5. 1 शमूएल 3 और यूहन्ना 10 को धीरे-धीरे पढ़ें।

दिन 27

परमेश्वर के साथ चलना और काम करना

कहानी एंकर

ये मुलाकातें असली थीं।
आग असली थी।
यह सपना असली था।
होटल में झगड़ा असली था।
गोलियां असली थीं।
राष्ट्रपति का बचाव असली था।
लेकिन सिर्फ़ मुलाकातों से ज़िंदगी नहीं चलती।
पैदल चलना।
बचने के बाद।
एस्कॉर्ट के बाद। कमीशन के बाद।
जीवन रोज़ चलता रहा।
फैसले।
यात्रा। प्रचार। मिनिस्ट्री बनाना। समुदायों की सेवा करना। बंटे हुए परिवार के तनाव में रहना।
चमत्कारी पल रोज़ नहीं होते थे।
चलना था।
आप हमेशा एनकाउंटर में नहीं रह सकते।
आपको रिश्ते में रहना चाहिए।

धर्मग्रंथ एंकर

पुराना नियम

"हनोक परमेश्वर के साथ-साथ चलता था; और वह नहीं रहा, क्योंकि परमेश्वर ने उसे उठा लिया।"

— उत्पत्ति 5:24

सिर्फ विश्वास नहीं किया।

चले।

नया करार

"इसलिए जैसे तुमने मसीह यीशु को प्रभु के रूप में ग्रहण किया है, वैसे ही उसी में चलो।"

— कुलुस्सियों 2:6

पाना एक घटना है।

चलना एक प्रक्रिया है।

पाठ

कई विश्वासी पलों का पीछा करते हैं।

कुछ लोग खेती करते हैं।

टहलने का मतलब है:

- रोज़ाना की लय।
- लगातार आज्ञाकारिता।
- लगातार जागरूकता।
- लगातार अलाइनमेंट।

चलने के लिए चश्मे की ज़रूरत नहीं होती।

इसके लिए वफ़ादारी की ज़रूरत है।

भगवान के साथ काम करने का मतलब है:

आप उसे अलग-अलग हिस्सों में नहीं बांटते।

वह सिर्फ़ प्रार्थना के समय ही मौजूद नहीं रहते।

वह यहाँ मौजूद है:

- बिज़नेस के फ़ैसले।
- परिवार की बातचीत।
- मंत्रालय की योजना।
- फाइनेंशियल विकल्प।
- युद्ध वियोजन।

पैदल चलने से दोहरी ज़िंदगी खत्म हो जाती है।

पैदल चलने से ईसाई धर्म में प्रदर्शन खत्म हो जाता है।

पैदल चलने से ईमानदारी बढ़ती है।

चिंतन प्रश्न

1. क्या मैं लगातार काम करने से ज़्यादा एनकाउंटर्स की तलाश में रहता हूँ?
2. क्या मेरा आध्यात्मिक जीवन घटनाओं पर आधारित है या रिश्तों पर?
3. क्या मैं रोज़ाना के फ़ैसलों में भगवान से सलाह लेता हूँ?
4. मेरी ज़िंदगी कहाँ बँटी हुई लगती है?
5. अगर कोई मेरा हफ़्ता देखे, तो क्या उसे कोई वॉक दिखेगी?

ईमानदारी से जवाब दें।

घोषणा

खड़े हो जाओ और घोषणा करो:

"मैं रोज़ भगवान के साथ चलूंगा।

मेरा विश्वास कभी-कभार नहीं है। मैं अलग-अलग हिस्सों में बंटी ईसाई धर्म को नहीं मानता। मैं लगातार आज्ञा का पालन करता हूं।"

इसे धीरे-धीरे दोहराएं।

संरचित प्रार्थना (45 मिनट)

1. पूजा (10 मिनट)
जीवन के सभी पहलुओं में ईश्वर को मौजूद मानें।
2. सरेंडर (10 मिनट)
उसे अपने रोज़ाना के कामों में बुलाएँ।
3. संरेखण (15 मिनट)
अपने जीवन के प्रत्येक क्षेत्र के लिए प्रार्थना करें - परिवार, काम, सेवकाई, वित्त।
4. कमिटमेंट (10 मिनट)
रोज़ाना जागरूक रहने के लिए कमिट करें।
इसके साथ घनिष्ठ:
"मैं आपके साथ चलता हूँ।"

कार्रवाई के बिंदु

1. आज जानबूझकर एक फैसले में भगवान को बुलाएं।
2. एक कम्पार्टमेंट हटा दें जहां से उन्हें बाहर रखा गया है।
3. कल अपनी सुबह की शुरुआत जानबूझकर सरेंडर के साथ करें।
4. उत्पत्ति 5 और कुलुस्सियों 2 को धीरे-धीरे पढ़ें।
5. 7 दिनों तक रोज़ाना बात मानने को ट्रैक करें।

दिन 28

पाखंड से ऊपर रहना

कहानी एंकर

पूरी यात्रा में सबसे खतरनाक पलों में से एक गोलीबारी नहीं थी।
यह चर्च के अंदर की गड़बड़ी थी।
वह मिलिटेंट डिसिप्लिन से आया था।
जहां जो उपदेश दिया गया, उसे अमल में लाया गया।
जहां स्ट्रक्चर को लागू किया गया। जहां टेक्स्ट को लागू किया गया।
उन्होंने ज़्यादा ईमानदारी की उम्मीद में ईसाई धर्म अपनाया।
इसके बजाय, उसने देखा:
बिना प्रैक्टिस के उपदेश।
बिना लाइफस्टाइल के भाषा। बिना पर्सनल भक्ति के आध्यात्मिक दिखावा।
उस निराशा ने उसे लगभग वापस भेज दिया था।
गोलियों ने उसे लगभग खत्म नहीं किया।
पाखंड लगभग हो ही गया।
यह कितना विनाशकारी है।

धर्मग्रंथ एंकर
पुराना नियम
"ये लोग मुँह से तो मेरे पास आते हैं... पर उनका दिल मुझसे दूर रहता है।"
— यशायाह 29:13
बिना हार माने भाषण।

नया करार

"हाय तुम पर... कपटियों! तुम प्याले और थाली को बाहर से तो साफ़ करते हो, पर अंदर से वे लालच और भोग-विलास से भरे हुए हैं।"

— मैथ्यू 23:25

बाहरी चमक।

अंदरूनी भ्रष्टाचार।

पाठ

पाखंड कमजोरी नहीं है।

यह विभाजन है।

यह दो जिंदगियां जी रहा है।

- एक पब्लिक.
- एक प्राइवेट.

यह सबके सामने वफ़ादारी का ऐलान कर रहा है,

जबकि प्राइवेट में इस पर बातचीत कर रहा है।

और कोई भी चीज़ गवाह को इतनी तेज़ी से खत्म नहीं करती।

आप ज़ुल्म से बच सकते हैं।

लेकिन आप अंदरूनी भ्रष्टाचार से बच नहीं सकते।

अगर आपकी प्रार्थना की ज़िंदगी कमज़ोर है,

लेकिन आपका प्रचार मज़बूत है - तो यह दरार है।

अगर आपकी पब्लिक आस्था बोल्ड है,

लेकिन आपकी पर्सनल आज्ञाकारिता में कोई तालमेल नहीं है - तो यह फ्रैक्चर है।

इंटीग्रिटी का मतलब है अलाइनमेंट।

मैं क्या कहता हूँ।

मैं क्या करता हूँ। मैं क्या मानता हूँ। मैं क्या करता हूँ।

एक ही दिशा।

चिंतन प्रश्न

1. मेरी निजी ज़िंदगी मेरे पब्लिक कन्फेशन के खिलाफ कहां है?
2. मैं कौन सी आध्यात्मिक साधना करता हूँ लेकिन उसे जारी नहीं रख पाता?
3. क्या मेरे सबसे करीबी लोग मेरी भक्ति को कन्फर्म करेंगे?
4. मैं किस समझौते को सही ठहरा रहा हूँ?
5. अगर आज दोगलापन सामने आ जाए, तो क्या सामने आएगा?

बिना किसी बहाने के जवाब दें।

घोषणा

खड़े हो जाओ और घोषणा करो:

"मैं दोहरी ज़िंदगी को मना करता हूँ।

मेरी निजी ज़िंदगी मेरे पब्लिक कन्फेशन से मेल खाएगी। मैं ईमानदारी चुनता हूँ। मैं पूरापन चुनता हूँ। मैं अलाइनमेंट चुनता हूँ।"

इसे धीरे-धीरे दोहराएं।

संरचित प्रार्थना (45 **मिनट**)

1. **आराधना** (10 **मिनट**)

मसीह को पवित्र और सच्चा मानकर उसका आदर करें।

2. **एक्सपोज़र** (15 **मिनट**)

भगवान से छिपी हुई कमियों को सामने लाने के लिए कहें।

3. **पछतावा** (10 **मिनट**)

खास समझौते को कबूल करें।

4. **अलाइनमेंट** (10 **मिनट**)

लगातार जीने की ताकत के लिए प्रार्थना करें।

इसके साथ घनिष्ठ:

"मेरे अंदर और बाहर को एकमत होने दो।"

कार्रवाई के बिंदु

1. एक छिपा हुआ समझौता हटा दें।
2. एक कमज़ोर डिसिप्लिन को मज़बूत करें।
3. भगवान के सामने अकेले में कोई ऐसी बात कबूल करें जिसे आपने नज़रअंदाज़ किया है।
4. मैथ्यू 23 को धीरे-धीरे पढ़ें।
5. किसी भरोसेमंद व्यक्ति से कहें कि वह आपको ज़िम्मेदार ठहराए।

दिन 29

लौटने का प्रलोभन

कहानी एंकर

आग लगने के बाद.
दर्शन के बाद।
सरेंडर के बाद।
मिनिस्ट्री के बाद।
गोलियों के बाद.
बचाव के बाद.
एस्कॉर्ट्स के बाद।
लालच फिर भी आया।
इसलिए नहीं कि इस्लाम ज़्यादा मज़बूत साबित हुआ।
लेकिन क्योंकि ईसाई धर्म अलग-अलग लग रहा था।
उन्होंने साफ़-साफ़ कहा है: एक बात थी जो उन्होंने पहले ही तय कर ली थी।
वह एक आखिरी संदेश देंगे।
फिर लौट आएंगे।
उन्होंने अपनी पिछली ज़िंदगी के अनुशासन को उस समझौते के साथ तौला था जो उन्होंने देखा था।
और पीछे हटना लॉजिकल लगा।
यह तो सोचने वाली बात है।
एक आदमी जिसने स्वर्ग देखा.
एक आदमी जिसने नरक देखा. एक आदमी जो हत्या से बच गया.

फिर भी वापस जाने का लालच आया।
लालच हमेशा शक के बारे में नहीं होता।
कभी-कभी यह निराशा के बारे में होता है।

धर्मग्रंथ एंकर

पुराना नियम

"और जब उन्हें याद आया कि परमेश्वर उनकी चट्टान है... फिर भी उन्होंने अपने मुँह से उसकी चापलूसी की... क्योंकि उनका दिल उसके साथ स्थिर नहीं था।"

— भजन 78:35–37

याददाश्त मज़बूती की गारंटी नहीं देती।

नया करार

"क्योंकि देमास ने इस संसार को प्रिय जानकर मुझे छोड़ दिया है।"

— 2 तीमुथियुस 4:10

कुछ की शुरुआत अच्छी होती है।
कुछ वापस लौट आते हैं।

पाठ

वापस आने का लालच होने का मतलब यह नहीं है कि आप कभी सच्चे नहीं थे।

इसका मतलब है कि आप इंसान हैं।

रिटर्न कुछ ऐसा दिख सकता है:

- पुरानी आदतों पर वापस जाना।
- विश्वास को नरम करना।
- स्टैंडर्ड कम करना।

- आध्यात्मिक आलस्य।
- इमोशनल विथड्रॉल।
- थियोलॉजी के रूप में छिपा हुआ गुस्सा।

आप सबके सामने मसीह को नहीं छोड़ सकते।
लेकिन आप अंदर की ओर बह सकते हैं।
वापसी चुपचाप शुरू होती है।
यह इस प्रकार से शुरू होता है:
"मैं थक गया हूँ।"
"यह इसके लायक नहीं है।" "कम से कम पहले, अनुशासन तो था।"
"कोई भी जो कहता है, वैसा नहीं जीता।"
रिट्रीट इसी तरह बोलता है।
दुश्मन शायद ही कभी पहले मसीह को नकारकर हमला करता है।
वह निराश होकर हमला करता है।

चिंतन प्रश्न

1. मैंने चुपके से पीछे हटने के बारे में कहाँ सोचा है?
2. किस निराशा ने यह विचार जगाया?
3. क्या मैं अपनी सोच पर मोल-भाव कर रहा हूँ?
4. कौन सा पुराना पैटर्न फिर से आकर्षक लगता है?
5. अगर मैं वापस लौटूंगा तो मेरा क्या नुकसान होगा?

बिना शर्म के लिखो।

घोषणा

खड़े हो जाओ और घोषणा करो:
"मैं वापस नहीं आऊँगा।
निराशा मुझ पर काबू नहीं कर पाएगी। मेरी वफ़ादारी पक्की है। मैं कोई समझौता नहीं करूँगा।"

इसे दृढ़ता से दोहराएं।

संरचित प्रार्थना (45 **मिनट)**

1. **आराधना** (10 **मिनट)**

मसीह को कभी न बदलने वाला मानें।

2. **कन्फेशन** (10–15 **मिनट)**

निराशा के एरिया बताएं।

3. **ताकत** (15 **मिनट)**

निराशा में धीरज रखने के लिए प्रार्थना करें।

4. **कमिटमेंट** (5 **मिनट)**

बोलकर वफ़ादारी की पुष्टि करें।

इसके साथ घनिष्ठ:

"वापस जाने के लिए बहुत देर हो चुकी है।"

कार्रवाई के बिंदु

1. आध्यात्मिक भटकाव के एक एरिया को पहचानें और उसे आज ही ठीक करें।
2. निराशा फैलाने वाले एक असर को हटा दें।
3. सोने से पहले फिर से ज़ोर से अपनी वफ़ादारी बोलें।
4. भजन 78 और 2 तीमुथियुस 4 पढ़ें।
5. आज रात अपने प्रार्थना अनुशासन को मज़बूत करें।

दिन 30

“हम बहुत आगे निकल गए हैं”

कहानी एंकर

उसने पहले ही फैसला कर लिया था।
वह एक आखिरी संदेश देंगे।
उसके बाद वह वापस लौट आता।
अंदरूनी फ़ैसला हो चुका था।
सबके सामने नहीं।
प्राइवेट तौर पर।
उन्होंने एक बड़ी सभा में उपदेश दिया।
माहौल बहुत ताकतवर था।
लोग रो पड़े। भगवान की मौजूदगी ने दिल को छू लिया।
लेकिन अंदर ही अंदर उसने यह निष्कर्ष निकाला था:
“यह मेरा आखिरी संदेश है।”
इसके बाद, वे उसे वापस उसके होटल ले गए।
उनके जुड़वां भाई और दूसरे नेता भी मौजूद थे।
उसने दरवाजा खोला।
और वह कहता है कि यीशु वहाँ खड़ा था।
सिंबॉलिक नहीं।
कल्पना नहीं। इतना असली कि वह पावर में आ गया।
कमरे में मौजूद दूसरे लोगों को कुछ महसूस हुआ,
लेकिन उसने देखा।
और शब्द सीधे थे:

“हम बहुत दूर चले गए हैं। अब वापस जाने में बहुत देर हो चुकी है।”
ऐसे पल आते हैं जब भगवान आपकी प्राइवेट रिट्रीट में दखल देते हैं।
वह बहस नहीं करता।
वह याद दिलाता है।
आपने बहुत कुछ देखा है।
आपने बहुत कुछ जाना है। आप बहुत दूर आ गए हैं।
पीछे हटना अब मासूमियत नहीं है।
यह बगावत है।

धर्मग्रंथ एंकर

पुराना नियम

“लूत की पत्नी को याद रखो।”
— लूका 17:32 (उत्पत्ति 19 का ज़िक्र करते हुए)
पीछे मुड़कर देखने से किस्मत खराब हो सकती है।

नया करार

“जो कोई हल पर हाथ रखकर पीछे देखता है, वह परमेश्वर के राज्य के योग्य नहीं है।”
— लूका 9:62
आगे का मतलब है वादा।
पिछड़ापन समझौता है।

पाठ

भगवान हमेशा आपको फैसला लेने से पहले नहीं रोकते।
कभी-कभी वह तब तक इंतज़ार करता है जब तक आप फ़ैसला नहीं कर लेते -
फिर आपका सामना करता है।
हो सकता है कि आप यीशु को होटल के कमरे में न देखें।

लेकिन आपको ऐसे पल भी मिलेंगे जब यकीन साफ-साफ बोलता है:
"आप वापस नहीं जा सकते।"
जब सच गहराई से सामने आ जाता है, तो
वापसी अज्ञानता नहीं होती।
यह मना करना है।
वहाँ एक लाइन है.
एक बार पार हो जाने के बाद,
पीछे हटना सुरक्षित नहीं रहता।
कुछ मानने वाले सोचते हैं कि वे बिना किसी नतीजे के भटक सकते हैं।
लेकिन जब वादा पक्का हो जाता है,
तो बदले में आत्मा को चोट लगती है।
ऐसे पल आते हैं जब स्वर्ग कहता है:
बस।
बस आगे बढ़ो।

चिंतन प्रश्न

1. क्या मैंने पीछे हटने का कोई प्राइवेट फैसला लिया है?
2. मैंने ऐसा कौन सा सच देखा है जिससे वापस लौटना नामुमकिन हो गया है?
3. मैं इमोशनली कहाँ पीछे देख रहा हूँ?
4. वापस जाने के लिए मेरी आत्मा को क्या कीमत चुकानी पड़ेगी?
5. अगर आज रात यीशु मुझसे मिलें, तो वे क्या कहेंगे?

संयम से जवाब दें।

घोषणा

खड़े हो जाओ और घोषणा करो:

"मेरे लिए वापस जाने में बहुत देर हो चुकी है.
मैंने बहुत कुछ देख लिया है. मैं बहुत कुछ जानता हूँ. मेरा वादा कायम है. सिर्फ़ आगे बढ़ो."
इसे धीरे-धीरे दोहराएं।

संरचित प्रार्थना (45 मिनट)

1. श्रद्धा (10 मिनट)

मसीह को प्रभु मानें।

2. कन्फेशन (15 मिनट)

किसी भी अंदरूनी वापसी को कन्फेशन करें।

3. दोबारा वादा (15 मिनट)

अपनी वफ़ादारी ज़ोर से दोहराएं।

4. सीलिंग (5 मिनट)

वापस लौटने के लिए दरवाज़ा बोलकर बंद करें।
इसके साथ घनिष्ठः
"मेरी वफ़ादारी पक्की है।"

दिन 31

आपके पास एक असाइनमेंट है

कहानी एंकर

उसी मुठभेड़ में, टकराव के बाद कमीशनिंग हुई।
"मसीह की देह में तुम्हारा एक काम है।"
आराम नहीं.
लोकप्रियता नहीं.
कार्यभार।
उसे स्टैंडर्ड बढ़ाने के लिए कहा गया।
वॉचमैन को उकसाने के लिए। अलार्म बजाने के लिए।
ज़िंदा रहना ही अंत नहीं था।
यह तैयारी थी।
सुरक्षा के लिए बचाव मौजूद नहीं है।
यह सेवा के लिए है।
जब स्वर्ग किसी को बार-बार बचाता है,
तो ऐसा इसलिए होता है क्योंकि स्वर्ग को कुछ उम्मीद होती है।
असाइनमेंट, कन्फ्यूजन की जगह ले लेता है।
एक बार असाइनमेंट साफ़ हो जाने पर,
भटकना बात न मानना बन जाता है।

धर्मग्रंथ एंकर
पुराना नियम

गर्भ में रचने से पहले ही मैंने तुम्हें जान लिया था... मैंने तुम्हें राष्ट्रों के लिए एक नबी नियुक्त किया।"

— यिर्मयाह 1:5

कॉलिंग से पहले झगड़ा होता है।

नया करार

"क्योंकि हम उसके बनाए हुए हैं, और मसीह यीशु में उन भले कामों के लिये सृजे गए हैं जिन्हें परमेश्वर ने पहले से तैयार किया।"

— इफिसियों 2:10

उद्देश्य के लिए सहेजा गया।

पाठ

कई विश्वासी सच्चे होते हैं।

कुछ जानबूझकर ऐसा करते हैं।

आप अस्तित्व में रहने के लिए सेव नहीं हैं।

आप सेवा करने के लिए सुरक्षित हैं।

असाइनमेंट पल्पिट नहीं हो सकता।

यह परिवार हो सकता है। यह बिज़नेस हो सकता है। यह बीच-बचाव हो सकता है। यह असर हो सकता है।

लेकिन आपके पास एक है।

अगर भगवान ने आपको बचाया है,

तो इसका कोई मकसद है।

खतरा मुक्ति खोने का नहीं है।

खतरा यह है कि असाइनमेंट बर्बाद हो जाएगा।

चिंतन प्रश्न

1. मेरा असाइनमेंट क्या हो सकता है?
2. मेरा बोझ बार-बार कहाँ लौटता है?
3. आज्ञाकारिता का कौन सा क्षेत्र मुझे डराता है?

4. क्या मैं किसी मकसद से पैसिव रहा हूँ?
5. अगर मैं सिर्फ़ एक चीज़ पूरी करके मर जाऊं, तो वह क्या होनी चाहिए?

सोच-समझकर जवाब दें।

घोषणा

खड़े हो जाओ और घोषणा करो:

"मेरे पास एक काम है।

मैं बचाव को बर्बाद नहीं करूँगा। मैं अपने क्षेत्र में स्टैंडर्ड बढ़ाऊँगा। मैं ज़िम्मेदारी लेता हूँ।"

इसे दृढ़ता से दोहराएं।

संरचित प्रार्थना (45 **मिनट**)

1. **पूजा** (10 **मिनट**)

भगवान को बुलाने वाले के तौर पर सम्मान दें।

2. **पूछताछ** (15 **मिनट**)

साफ़-साफ़ पूछें: "मेरा काम क्या है?"

3. **सरेंडर** (10 **मिनट**)

अपनी ज़िंदगी पूरी तरह से सरेंडर कर दें।

4. **हिम्मत** (10 **मिनट**)

आज्ञा मानने के लिए हिम्मत के लिए प्रार्थना करें।

इसके साथ घनिष्ठ:

"मुझे भेजें।"

दिन 32

7-दिन का स्ट्रेटेजिक डिसिप्लिन रीसेट

कहानी एंकर

मिलिटेंट फॉर्मेशन इसलिए कामयाब रहा क्योंकि यह रिपिटिटिव था।
प्रार्थना के चक्र ऑप्शनल नहीं थे।
उपवास तय था। बात मानना ज़रूरी था।
सरेंडर के बाद, अगर डिसिप्लिन को फिर से नहीं बनाया गया होता, तो पुराना स्ट्रक्चर फिर से अपना इलाका ले लेता।
आप मजबूत स्ट्रक्चर को कमजोर भक्ति से नहीं बदल सकते।
आध्यात्मिक गहराई के लिए इंफ्रास्ट्रक्चर की ज़रूरत होती है।
बिना स्ट्रक्चर के ज़िंदा रहना भविष्य में गिरावट लाता है।
इसलिए अनुशासन जानबूझकर होना चाहिए।
अस्पष्ट नहीं।
इमोशनल नहीं।
मापा गया.
संरक्षित.
दोहराया गया।

धर्मग्रंथ एंकर

पुराना नियम

“तब दानिय्येल… घर गया… और उस दिन तीन बार घुटनों के बल झुका, और अपने परमेश्वर के सामने प्रार्थना की और धन्यवाद दिया, जैसा कि शुरू से ही उसका रिवाज था।”

— दानिय्येल 6:10

संकट ने कस्टम रद्द नहीं किया।

नया करार

"परमेश्वर की भक्ति के लिए खुद को अनुशासित करो।"

— 1 तीमुथियुस 4:7

ईश्वरत्व अचानक नहीं बढ़ता।

7-दिवसीय रीसेट मॉडल

यह कानून का राज नहीं है।

यह नींव को फिर से बनाना है।

अगले 7 दिनों के लिए:

1 **निश्चित प्रार्थना समय**

रोज़ाना एक घंटा बिना रुके।

कम से कम.

कोई मोल-भाव नहीं.

60 मिनट के स्ट्रक्चर का इस्तेमाल करें:

- 30 पूजा
- 10 संप्रभुता
- 10 पश्चाताप
- 10 डिक्री

कोई मल्टीटास्किंग नहीं।

2 **पवित्रशास्त्र संतृप्ति**

एक गॉस्पेल को 7 दिनों में पूरा पढ़ें।

यूं ही नहीं।

हाइलाइट करें।

अंडरलाइन करें। नोट्स लिखें।

3 **सत्यनिष्ठा ऑडिट**

हर रात पूछो :

- क्या मेरी निजी ज़िंदगी मेरे कबूलनामे से मेल खाती है?
- मैंने कहाँ समझौता किया?
- क्या मैंने जल्दी से बात मान ली?

छोटे जवाब लिखें।

4 भाषण अनुशासन

कोई शिकायत नहीं।

कोई गॉसिप नहीं। कोई बढ़ा-चढ़ाकर नहीं।

सात दिनों तक बोलने पर रोक।

5 उपवास

7 दिनों में कम से कम एक बार जानबूझकर उपवास रखें।

यह कोई रस्म नहीं है।

जानबूझकर किया गया है।

6 डिजिटल कमी

शोर कम करें.

मीडिया लिमिट करें।

स्क्रॉलिंग लिमिट करें।

ध्यान रखें।

7 दैनिक जवाबदेही

किसी भरोसेमंद व्यक्ति को बताएं।

रोज़ रिपोर्ट पूरी करें।

पाठ

आध्यात्मिक बहाव हल्का होता है।

अनुशासन जानबूझकर होता है।

अगर आप रीसेट नहीं करते हैं,
तो आप पीछे चले जाएंगे।
तेज़ी कम हो जाती है।
आराम कम हो जाता है। समझौता बातचीत पर आ जाता है।
लेकिन रिदम से धार वापस आ जाती है।
सात दिन तक जानबूझकर रीसेट करने से
सेंसिटिविटी वापस आ सकती है।

चिंतन प्रश्न

1. मेरा अनुशासन कहाँ कमज़ोर हुआ है?
2. किन आदतों को तुरंत बदलने की ज़रूरत है?
3. क्या मैं रोज़ एक घंटा बचाने को तैयार हूँ?
4. कौन सी ध्यान भटकाने वाली चीज़ हटानी होगी?
5. मुझे कौन ज़िम्मेदार ठहरा सकता है?

प्रैक्टिकली जवाब दें।

घोषणा

खड़े हो जाओ और घोषणा करो:
"मैं अनुशासित विश्वास चुनता हूँ।
मैं कैज़ुअल ईसाई धर्म को नहीं मानता। मैं स्ट्रक्चर को फिर से बनाऊँगा। मैं भटकूँगा नहीं।"
इसे धीरे-धीरे दोहराएं।

संरचित प्रार्थना (45 मिनट)

1. पूजा (10 मिनट)

भगवान को अनुशासन में रहकर भक्ति करने के लायक समझें।

2. पछतावा (10 मिनट)

आलस की बातें कबूल करें।

3. अलाइनमेंट (15 मिनट)

रीसेट पूरा करने के लिए ताकत मांगें।

4. सीलिंग (10 मिनट)

अगले 7 दिन ज़ोर से बोलें।

इसके साथ घनिष्ठ:

“मैं यह रीसेट पूरा करूँगा।”

कार्रवाई के बिंदु

1. आज रात अपना 7-दिन का शेड्यूल लिखें।
2. ध्यान भटकाने वाली एक बड़ी चीज़ को तुरंत हटा दें।
3. अपने अकाउंटेबिलिटी पार्टनर को बताएं।
4. कल सुबह बिना देर किए शुरू करें।
5. पूरा होने को साफ़-साफ़ ट्रैक करें।

दिन 33

निष्ठा घोषणा

कहानी एंकर

उसने हद पार कर दी।
विरासत में मिले विश्वास से
समर्पित विश्वास तक।
बनने से
लेकर टकराव तक।
ज़ुल्म से
बचाव तक।
लालच से
कमीशन तक।
ज़िंदा रहने से लेकर
अनुशासन तक।
किसी समय पर, वफ़ादारी अंदरूनी भावना नहीं रह जाती।
यह घोषित करार बन जाता है।
जब सैनिक वफ़ादारी की कसम खाते हैं,
तो यह बात कही जाती है।
जब धर्मग्रंथ में वादे किए जाते हैं,
तो उन्हें शब्दों में बताया जाता है।
वफ़ादारी ज़ाहिर होनी चाहिए।
क्योंकि जो बात आप साफ़-साफ़ नहीं कहेंगे, उस पर
आप फिर से बातचीत करेंगे।

धर्मग्रंथ एंकर

पुराना नियम

"मैं और मेरा घराना यहोवा की सेवा करेंगे।"

— यहोशू 24:15

पब्लिक घोषणा प्राइवेट फैसले पर मुहर लगाती है।

नया करार

"अगर तुम अपने मुँह से प्रभु यीशु को स्वीकार करो और अपने दिल में विश्वास करो... तो तुम बच जाओगे।"

— रोमियों 10:9

विश्वास अंदरूनी।

कबूलनामा बाहरी।

पाठ

अगर आप साफ़-साफ़ वादा करते हैं तो आप भटक नहीं सकते।

लेकिन अगर आपका कमिटमेंट अनडिफाइंड रहता है, तो
यह नेगोशिएबल रहता है।

वफ़ादारी की घोषणा चार काम करती है:

1. यह पहचान साफ़ करता है।
2. यह रिट्रीट को बंद कर देता है।
3. इससे बातचीत बंद हो जाती है।
4. यह जवाबदेही तय करता है।

दुश्मन आसानी से सीलबंद चीज़ को लुभा नहीं सकता।

आपको साफ़-साफ़ कहना होगा:

आप किसके हैं।

आप क्या रिजेक्ट करते हैं। आप क्या कमिट करते हैं। आप किससे कॉम्प्रोमाइज़ नहीं करेंगे।

निष्ठा घोषणा

खड़ा होना।

इसे धीरे से कहें:

“मैं जीसस क्राइस्ट का हूँ।

मेरी वफ़ादारी पक्की है। मैं समझौते पर वापस नहीं जाऊँगा। मैं बँटा हुआ नहीं रहूँगा। मैं अपनी ज़िंदगी का लेवल ऊँचा करूँगा। मैं डिसिप्लिन में चलूँगा। मैं अपना काम स्वीकार करता हूँ। मैं दिखावे को मना करता हूँ। मैं पीछे हटने से मना करता हूँ। मेरी ज़िंदगी एक मकसद के लिए रखी गई है। सिर्फ़ आगे बढ़ो।”

विराम।

इसे फिर से दोहराएँ।

चिंतन प्रश्न

1. क्या मैंने कभी बोलकर अपनी वफ़ादारी पक्की की है?
2. मेरी ज़िंदगी का कौन सा हिस्सा अभी भी बातचीत करता है?
3. क्या मेरी रोज़ की आदतें मेरे डिक्लेरेशन से मेल खाती हैं?
4. कौन जानता है कि मेरी वफ़ादारी पक्की हो गई है?
5. अगर सबके सामने टेस्ट किया जाए, तो क्या मैं खड़ा रहूँगा?

साफ़-साफ़ लिखें।

संरचित प्रार्थना (45 मिनट)

1. आराधना (10 मिनट)

मसीह को प्रभु के रूप में सम्मान दें।

2. घोषणा (10 मिनट)

अपनी वफ़ादारी ज़ोर से दोहराएं।

3. सरेंडर (15 मिनट)

अपना भविष्य, प्लान, एम्बिशन बताएं।

4. सीलिंग (10 मिनट)

पवित्र आत्मा से वाचा को मज़बूत करने के लिए कहें।

इसके साथ घनिष्ठ:

"मेरी वफ़ादारी पक्की है।"

कार्रवाई के बिंदु

1. अपनी डायरी में अपनी वफादारी की घोषणा लिखें।
2. इसे 7 दिनों तक रोज़ बोलें।
3. अपने किसी करीबी को अपने कमिटमेंट के बारे में बताएं।
4. एक समझौता तुरंत हटा दें।
5. इस घोषणा पर हर महीने दोबारा विचार करें

दिन 34

अधिकार में खड़े होना

कहानी एंकर

सरेंडर के बाद।
उत्पीड़न के बाद।
प्रिज़र्वेशन के बाद।
कमीशन के बाद.
अथॉरिटी अब थ्योरेटिकल नहीं रही।
जब गोलियां उसे खत्म नहीं कर पाईं।
जब एस्कॉर्ट्स ने उसकी सुरक्षा की।
जब उन्होंने धमकी के बावजूद प्रचार करना जारी रखा।
अथॉरिटी दिखने लगी।
जोरदार नहीं।
लेकिन तय हो गया।
अथॉरिटी वॉल्यूम नहीं है।
अथॉरिटी अलाइनमेंट है।
चिल्लाने से आपको अधिकार नहीं मिलता।
सरेंडर करके आपको अधिकार मिलता है।

धर्मग्रंथ एंकर

पुराना नियम

"देखो, मैंने तुम्हें दुश्मन की सारी ताकत पर अधिकार दिया है।"
— लूका 10:19 (भविष्यवाणी के अधिकार पैटर्न की पूर्ति)

(हम इसी पर बात करते हैं लेकिन OT को साफ़-साफ़ शामिल करते हैं :)
"तब दाऊद ने पलिश्ती से कहा... मैं सेनाओं के यहोवा के नाम से तुम्हारे पास आया हूँ।"
— 1 शमूएल 17:45
अथॉरिटी कॉन्ट्रैक्ट पर आधारित है।

नया करार
"सारा अधिकार मुझे दिया गया है... इसलिए जाओ।"
— मैथ्यू 28:18–19
अधिकार मसीह से आता है - स्वयं से नहीं।

पाठ
विश्वासी तीन प्रकार के होते हैं:

1. बिना अधिकार वाले विश्वासी - डरे हुए और रिएक्टिव।
2. विश्वासी जो अधिकार की नकल करते हैं - ज़ोर से बोलने वाले लेकिन अस्थिर।
3. विश्वासी जो अधिकार में चलते हैं - शांत लेकिन अडिग।

सच्चा अधिकार कहाँ से आता है:

- साफ़ ज़मीर.
- लगातार आज्ञाकारिता।
- स्ट्रक्चर्ड प्रार्थना जीवन।
- सीलबंद वफ़ादारी।
- असाइनमेंट क्लियर करें।

अगर आप बंटे हुए रहते हैं तो आप डर को दूर नहीं कर सकते।
अगर आप प्राइवेट में बातचीत करेंगे तो आप मज़बूती से खड़े नहीं रह सकते।

अधिकार स्वर्ग की सरकार के साथ तालमेल है।
और अधिकार का इस्तेमाल इस तरह किया जाता है:

- शब्द।
- निर्णय.
- सीमाएँ।
- उपस्थिति।

चिंतन प्रश्न

1. क्या मैं अपनी आध्यात्मिक शक्ति को समझता हूँ?
2. जब मुझे दृढ़ रहना चाहिए तो मैं डरपोक कैसे बन सकता हूँ?
3. क्या कोई छिपा हुआ समझौता मेरे आत्मविश्वास को कमज़ोर कर रहा है?
4. क्या मैं अधिकार का इस्तेमाल ज़िम्मेदारी से करता हूँ?
5. क्या मेरी प्रार्थना की ज़िंदगी किसी ऐसे व्यक्ति को दिखाती है जो अपनी स्थिति जानता है?

ईमानदारी से जवाब दें।

घोषणा

खड़े हो जाओ और घोषणा करो:
"मैं मसीह के अधिकार में खड़ा हूँ।
मैं स्वर्ग की सरकार के साथ हूँ। मैं पीछे नहीं हटूँगा। मैं अधिकार का गलत इस्तेमाल नहीं करूँगा। मैं अनुशासन में रहकर आत्मविश्वास के साथ चलता हूँ।"
दृढ़ता से दोहराएँ।

संरचित प्रार्थना (45 मिनट)

1. आराधना (10 मिनट)

मसीह को राजा के रूप में सम्मान दें।

2. अलाइनमेंट (15 **मिनट**)
साफ़ दिल और ईमानदारी के लिए प्रार्थना करें।
3. दावा (10 **मिनट**)
अपने जीवन पर पवित्रशास्त्र को महत्व दें।
4. ज़िम्मेदारी (10 **मिनट**)
अधिकार को विनम्रता से निभाने के लिए बुद्धि मांगें।
इसके साथ घनिष्ठ:
"मैं स्थिर खड़ा हूं।"

कार्रवाई के बिंदु

1. एक ऐसा एरिया पहचानें जहाँ आपको स्पिरिचुअल अधिकार का इस्तेमाल करना चाहिए।
2. अपनी स्थिति को कमज़ोर करने वाले किसी भी समझौते को हटा दें।
3. अपने आस-पास पवित्र शास्त्र बोलें।
4. आज ही अपने प्रार्थना अनुशासन को मज़बूत करें।
5. मसीह में अपनी पहचान के प्रति सचेत होकर चलें।

दिन 35

तीव्रता से परे धीरज

कहानी एंकर

आग बहुत तेज़ थी।
यह नज़ारा बहुत गहरा था।
होटल में मुलाकात बहुत ज़ोरदार थी।
शूटिंग बहुत तेज़ थी।
इवैक्युएशन बहुत तेज़ था।
लेकिन तीव्रता कुछ समय के लिए होती है।
धीरज जीवन भर रहता है।
मीडिया के गायब होने के बाद।
एस्कॉर्ट्स के नॉर्मल होने के बाद। खतरा कम होने के बाद। भीड़ के आगे बढ़ने के बाद।
आपके पास सामान्य दिन ही बचे हैं।
और आम दिन ही लंबी उम्र तय करते हैं।
कई लोग मज़बूती से शुरुआत करते हैं।
कुछ ही लोग स्थिर रहते हैं।
धीरज कोई नाटकीय बात नहीं है।
यह डिसिप्लिन्ड रिपीटिशन है।

धर्मग्रंथ एंकर
पुराना नियम
"आओ, वह दौड़ जो हमें दौड़नी है, धीरज से दौड़ें।"
— इब्रानियों 12:1

रेस कोई स्प्रिंट नहीं है।
(यह मसीह में पूरी हुई पुराने नियम की दृढ़ता को दिखाता है।)
भी:
"चाहे इसमें देर हो, तो भी इसका इंतज़ार करो।"
— हबक्कूक 2:3
देरी से स्टैमिना का टेस्ट होता है।

नया करार
"जो अंत तक धीरज धरेगा, वही बचेगा।"
— मैथ्यू 24:13
वह नहीं जो ज़ोर से शुरू करता है।
वह जो टिकता है।

पाठ
सहनशक्ति इन चीज़ों से बनती है:

- रोज़ाना प्रार्थना।
- लगातार आज्ञाकारिता।
- अपराध करने से मना करना।
- अपने दिल की रक्षा करना।
- पवित्रता की रक्षा करना।
- स्थिर रहना।

आध्यात्मिक पतन शायद ही कभी अचानक होता है।
यह धीरे-धीरे खत्म होता है।
धीरज बुलावे की रक्षा करता है।
आप इमोशन से नहीं टिकते।
आप लय से टिके रहते हैं।
आप लोगों की तारीफ़ से नहीं टिकते।
आप निजी अनुशासन से सहन करते हैं।

अगर आप बोरियत से नहीं बच सकते,
तो आप लंबी उम्र भी नहीं जी सकते।

चिंतन प्रश्न

1. क्या मैं स्टेबिलिटी से ज़्यादा इंटेंसिटी चाहता हूँ?
2. जब उत्साह कम हो जाए तो मैं कैसे रिएक्ट करूँ?
3. कौन से तरीके मेरी लंबे समय तक चलने की सुरक्षा करते हैं?
4. क्या मैं ऐसी आदतें बना रहा हूँ जो 20 साल तक चल सकें?
5. अगर कल फिर से ज़ुल्म हुआ, तो क्या मैं तब भी खड़ा रहूँगा?

गहराई से जवाब दें।

घोषणा

खड़े हो जाओ और घोषणा करो:
"मैं टिकूंगा।
मैं थकूंगा नहीं। मैं भटकूंगा नहीं।
मैं एक जैसा रहूंगा।
मेरा विश्वास लंबे समय का है।"
इसे धीरे-धीरे दोहराएं।

संरचित प्रार्थना (45 मिनट)

1. आराधना (10 मिनट)
मसीह का विश्वासयोग्य के रूप में सम्मान करें।

2. ताकत (15 मिनट)
आध्यात्मिक स्टैमिना के लिए पूछें।

3. बचाव (10 मिनट)
धीमे बहाव के खिलाफ प्रार्थना करें।

4. कमिटमेंट (10 मिनट)
लंबे समय तक आज्ञा मानने के लिए कमिट करें।

इसके साथ घनिष्ठः
"मैं अच्छा काम ख़त्म करूँगा।"

कार्रवाई के बिंदु

1. एक लंबे समय के अनुशासन को मज़बूत करें।
2. एक पैटर्न हटा दें जो बर्नआउट की ओर ले जाता है।
3. आध्यात्मिक रूप से पीछे हटे बिना जानबूझकर आराम करें।
4. इब्रानियों 12 को धीरे-धीरे पढ़ें।
5. अपने अगले 30 दिनों की आध्यात्मिक योजना बनाएं।

दिन 36

सुरक्षा के रूप में पवित्रता

कहानी एंकर

गोलियों से उसका अंत नहीं हुआ।
धमकी से वह चुप नहीं हुआ।
विपक्ष ने उन्हें भ्रष्ट नहीं किया।
लेकिन इससे कहीं ज़्यादा खतरनाक चीज़ चुपचाप सब कुछ नष्ट कर सकती थी:
प्राइवेट समझौता।
कोई भी एस्कॉर्ट आपको गुप्त पाप से नहीं बचा सकता।
राष्ट्रपति का कोई भी दखल ईमानदारी को बचा नहीं सकता।
कोई भी मेडिकल इवैक्युएशन नैतिक पतन को ठीक नहीं कर सकता।
सबसे बड़ा खतरा शायद ही कभी बाहरी होता है।
यह अंदरूनी कटाव है।
पवित्रता कानून-व्यवस्था नहीं है।
यह आध्यात्मिक सुरक्षा है।
जब विवेक साफ़ होता है, तो
अधिकार मज़बूत रहता है।
जब दिल बँटा होता है, तो
आत्मविश्वास कमज़ोर हो जाता है।
दुश्मन हिंसा से नाकाम हुआ।
वह भ्रष्टाचार की कोशिश करेगा।

धर्मग्रंथ एंकर

पुराना नियम

"यहोवा के पर्वत पर कौन चढ़ सकता है? … जिसके हाथ पवित्र और हृदय पवित्र हो।"

— भजन संहिता 24:3–4

एक्सेस के लिए प्योरिटी चाहिए।

नया करार

"पवित्रता का पीछा करो, जिसके बिना कोई प्रभु को नहीं देखेगा।"

— इब्रानियों 12:14

पवित्रता ऑप्शनल नहीं है।

पाठ

पवित्रता तीन तरीकों से सुरक्षा करती है:

1. यह अधिकार को सुरक्षित रखता है।
2. यह क्रेडिबिलिटी को बचाता है।
3. यह पीढ़ीगत प्रभाव को सुरक्षित करता है।

ज़ुल्म आपको ऊपर उठा सकता है।

पाप तुम्हें अयोग्य बना देगा।

सबसे दुखद कहानियाँ उन लोगों की नहीं हैं जिन पर हमला हुआ।

ये वे लोग हैं जिन्हें बचा लिया गया था - लेकिन बाद में उनसे समझौता कर लिया गया।

पवित्रता का मतलब डर नहीं है।

यह अलाइनमेंट के बारे में है।

यह सुरक्षा करता है:

- तुम्हारी शादी।
- आपका मंत्रालय।
- आपके बच्चे.

- आपका प्रभाव।
- आपकी शांति।

पवित्रता रोज़ाना सावधान रहना है।
कभी-कभी होने वाली तेज़ी नहीं।

चिंतन प्रश्न

1. क्या मेरी ज़िंदगी में कोई छिपा हुआ समझौता है?
2. कौन सा प्राइवेट पैटर्न मेरी अथॉरिटी को कमज़ोर कर सकता है?
3. क्या एक्सपोज़र से मेरी क्रेडिबिलिटी को नुकसान होगा?
4. क्या मैं पवित्रता को हल्के में ले रहा हूँ?
5. मुझे किन सीमाओं को मजबूत करना चाहिए?

बिना परफॉर्मेंस के जवाब दें।

घोषणा

खड़े हो जाओ और घोषणा करो:
"मैं पवित्रता का पीछा करता हूँ।
मेरी निजी ज़िंदगी साफ़ रहेगी। मैं अपने दिल की रक्षा करता हूँ। मैं गुप्त समझौते को अस्वीकार करता हूँ। पवित्रता मेरे काम की रक्षा करती है।"
धीरे-धीरे दोहराएं।

संरचित प्रार्थना (45 मिनट)

1. पूजा (10 मिनट)

परमेश्वर को पवित्र मानकर उसका आदर करें।

2. जांच (15 मिनट)

छिपे हुए समझौते का खुलासा करने के लिए कहें।

3. पछतावा (10 मिनट)

खास तौर पर कबूल करें।

4. सुरक्षा (10 मिनट)

अपने जीवन की रक्षा के लिए शक्ति मांगें।

इसके साथ घनिष्ठ:

"मेरे दिल की रक्षा करो।"

कार्रवाई के बिंदु

1. आज ही एक कॉम्प्रोमाइजिंग असर को हटा दें।
2. जवाबदेही को मज़बूत करें।
3. जानबूझकर अपने विचारों की रक्षा करें।
4. भजन 24 को धीरे-धीरे पढ़ें।
5. एक सीमा को नॉन-नेगोशिएबल बनाएं।

दिन 37

आपकी सहनशक्ति क्या बनाती है

कहानी एंकर

यह कहानी सिर्फ़ ज़िंदा रहने के बारे में नहीं है।
यह इस बारे में है कि सर्वाइवल के बाद क्या बनाया गया।
मंत्रालय ने जारी रखा।
चर्च की स्थापना की।
प्रभावित समुदाय।
एल- बूबा आउटरीच मिनिस्ट्रीज़ इंटरनेशनल (EBOMI) एक स्ट्रक्चर्ड कंटिन्यूएशन के तौर पर खड़ा है।
परिवार अभी भी एक साथ खाना खाता है - धर्म से विभाजित लेकिन नफरत से नहीं।
एक ही टेबल पर मुस्लिम और ईसाई रिश्तेदार।
उन समुदायों को सेवा देना जहां ज़्यादातर फ़ायदा उठाने वाले मुस्लिम हैं।
स्कूल।
खेती में मदद। गरीबों और ज़रूरतमंदों की देखभाल। ज़्यादातर ईसाई नहीं।
धीरज से पुल बनते हैं।
पवित्रता भरोसे की रक्षा करती है।
कंसिस्टेंसी से भरोसा मिलता है।
पीढ़ीगत असर के लिए स्थिरता ज़रूरी है।
आप इंटेंसिटी से लेगेसी नहीं बनाते।

आप इसे एंड्योरेंस से बनाते हैं।

धर्मग्रंथ एंकर

पुराना नियम

"एक पीढ़ी दूसरी पीढ़ी के सामने तेरे कामों की तारीफ़ करेगी।"
— भजन 145:4
विश्वास का संचार होना चाहिए।

नया करार

"जो बातें तुमने मुझसे सुनी हैं... उन्हें विश्वासयोग्य पुरुषों को सौंप दो जो दूसरों को भी सिखा सकें।"
— 2 तीमुथियुस 2:2
एक कविता में चार पीढ़ियाँ।

पाठ

आपका धीरज सिर्फ़ आपके लिए नहीं है।
यह बनाता है:

- आपके बच्चों के लिए स्टेबिलिटी।
- अपने समुदाय पर भरोसा रखें।
- बँटे हुए माहौल में भरोसा।
- असर डालने के लिए प्लेटफॉर्म।

अगर आप नैतिक रूप से गिर जाते हैं, तो
अगली पीढ़ी को इसका खामियाजा भुगतना पड़ता है।
अगर आप ईमानदारी से डटे रहेंगे,
तो अगली पीढ़ी और मज़बूत होगी।
पवित्रता विरासत को बनाए रखती है।
धीरज से असर बढ़ता है।
आपकी ज़िंदगी अकेली नहीं है।
यह पीढ़ीगत है।

चिंतन प्रश्न

1. मेरे बच्चों को मेरे चलने से क्या विरासत में मिलेगा?
2. मैं किस तरह का आध्यात्मिक मॉडल बना रहा हूँ?
3. क्या मेरी सहनशक्ति दूसरों को मज़बूत बनाती है?
4. अगर मैं आज रुक गया तो क्या विरासत बचेगी?
5. मेरी कंसिस्टेंसी से कौन सीख रहा है?

गंभीरता से जवाब दें।

घोषणा

खड़े हो जाओ और घोषणा करो:
"मेरी ज़िंदगी पीढ़ियों तक ताकत बनाएगी।
मैं टूटूंगा नहीं। मैं ईमानदारी से टिकूंगा। मेरी बात मानने वाला इंसान मुझसे ज़्यादा ज़िंदा रहेगा।"
दृढ़ता से दोहराएँ।

संरचित प्रार्थना (45 मिनट)

1. आभार (10 मिनट)
अपने जीवन के प्रभाव के लिए भगवान को धन्यवाद दें।
2. विज़न (15 मिनट)
अगली पीढ़ी की स्थिरता के लिए प्रार्थना करें।
3. सुरक्षा (10 मिनट)
भगवान से अपनी विरासत की रक्षा करने के लिए कहें।
4. कमीशन (10 मिनट)
अच्छी तरह से खत्म करने के लिए कमिट करें।

इसके साथ घनिष्ठ:
"मेरी आज्ञाकारिता बढ़ेगी।"

दिन 38

सार्वजनिक प्रणालियों में छिपी निष्ठा

कहानी एंकर

सरेंडर के बाद।
ज़ुल्म के बाद। ज़िंदा रहने के बाद।
वह अकेलेपन में गायब नहीं हुए।
वह मुस्लिम जगहों से पूरी तरह पीछे नहीं हटे।
परिवार धार्मिक रूप से विभाजित रहा -
लेकिन संबंधों में टूटा नहीं।
वे अब भी साथ में खाते हैं।
माँ ने फुल शिफ्ट से पहले उसी घर में काम किया था।
भाई ने घर में रहते हुए ही धर्म बदल लिया। शिष्यत्व सिस्टम के अंदर हुआ।
आज भी:
आउटरीच और फाउंडेशन की कोशिशों से,
ज़्यादातर बेनिफिशियरी मुस्लिम हैं।
स्कूल।
खेती की ज़मीन। ग़रीबों के लिए मदद।
सर्विस कन्वर्ज़न पर कंडीशनल नहीं है।
वफ़ादारी बदल गई।
मौजूदगी बनी रही।
यह स्ट्रेटेजिक मैच्योरिटी है।

धर्मग्रंथ एंकर

पुराना नियम

"और ऐसा ही हुआ, जब नामान लौटा... उसने कहा... इस बात में यहोवा तेरे दास को क्षमा करे: जब मेरा स्वामी रिम्मोन के मंदिर में जाए ... और मैं झुककर प्रणाम करूँ।"

— 2 राजा 5:18

नामान की वफ़ादारी बदल गई।

उसका माहौल तुरंत नहीं बदला।

भी:

"दाऊद गत के राजा

आकीश के साथ रहता था।" — 1 शमूएल 27:3

वाचा का आदमी।

विदेशी इलाका।

नया करार

"फरीसियों में से निकोदेमुस नाम का एक मनुष्य था..."

— यूहन्ना 3:1

छिपी हुई वफ़ादारी.

स्ट्रेटेजिक टाइमिंग.

और:

"अरिमतिया का यूसुफ... यीशु का चेला था, लेकिन यहूदियों के डर से चुपके से।"

— यूहन्ना 19:38

छिपे हुए का मतलब बेवफ़ा नहीं है।

पाठ

सभी आज्ञाकारिता ज़ोरदार नहीं होती।
सभी वफ़ादारी को तुरंत वापस लेने की ज़रूरत नहीं होती।
कुछ असाइनमेंट के लिए ज़रूरी है:

- स्ट्रेटेजिक मौजूदगी।
- संबंधात्मक निरंतरता।
- भावात्मक बुद्धि।
- धैर्य।

अगर हर धर्म बदलने वाला तुरंत माहौल छोड़ दे, तो
पुल टूट जाएगा।
छिपा हुआ शिष्यत्व समझौता नहीं है -
अगर वफ़ादारी अंदर ही अंदर तय हो जाए।
खतरा बंटी हुई वफ़ादारी का है।
लेकिन कॉम्प्लेक्स सिस्टम के अंदर भी पक्की वफ़ादारी हो सकती है।
इसके लिए मैच्योरिटी की ज़रूरत है।
असुरक्षा नहीं।

चिंतन प्रश्न

1. क्या मुझे पीछे हटने के लिए कहा गया है — या स्ट्रेटेजी के हिसाब से बने रहने के लिए?
2. क्या कुछ खास माहौल में मेरी मौजूदगी समझौता है या काम?
3. क्या मैं डर और समझदारी के बीच का अंतर जानता हूँ?
4. मैं बिना बताए कहां असर डाल सकता हूं?
5. क्या मेरी वफ़ादारी अंदर से तय हो गई है?

ध्यान से जवाब दें।

घोषणा

खड़े हो जाओ और घोषणा करो:

“मेरी वफ़ादारी पक्की है।
मेरी मौजूदगी स्ट्रेटेजिक होगी। मैं कोई कॉम्प्रोमाइज़ नहीं करूँगा। मैं समझदारी से असर डालूँगा। मैं वहीं रहूँगा जहाँ असाइनमेंट की ज़रूरत होगी।”
धीरे-धीरे दोहराएं।

संरचित प्रार्थना (45 मिनट)

1. पूजा (10 मिनट)
सभी माहौल में भगवान का सम्मान करें।

2. समझदारी (15 मिनट)
साफ़-साफ़ पूछें कि कहाँ रहना है और कहाँ पीछे हटना है।

3. ईमानदारी (10 मिनट)
पब्लिक सिस्टम में पक्की वफ़ादारी के लिए प्रार्थना करें।

4. कमीशन (10 मिनट)
स्ट्रेटेजिक प्लेसमेंट के लिए खुद को ऑफ़र करें।
इसके साथ घनिष्ठ:
“मुझे बुद्धिमानी से जगह दो।”

कार्रवाई के बिंदु

1. ऐसे माहौल की पहचान करें जहाँ आपको नमक और रोशनी की तरह होना चाहिए।
2. ऐसे किसी भी माहौल को हटा दें जिससे कॉम्प्रोमाइज़ हो।
3. पब्लिक के असर से पहले अंदरूनी यकीन को मज़बूत करें।
4. नामान और निकोदेमुस का ध्यान से अध्ययन करें।
5. अलग-अलग हालात में समझदारी के लिए प्रार्थना करें।

अब हम किनारे पर हैं।

दिन 39 वाचा को पूरी तरह से सील कर देगा।
40वें दिन कमीशन होगा।

दिन 39

निष्ठा की वाचा

कहानी एंकर

उन्होंने विरासत में मिले विश्वास से चुने हुए विश्वास को अपनाया।
उसे आग का सामना करना पड़ा।
उन्होंने गोलियों का सामना किया।
उसे निराशा का सामना करना पड़ा।
उसे वापस लौटने का लालच आया।
उनका सामना किया गया - "हम बहुत आगे निकल गए हैं।"
उन्हें नियुक्त किया गया - "आपके पास एक कार्यभार है।"
उन्होंने अनुशासन फिर से बनाया।
वह सुरक्षा में खड़ा था।
वह बंटी हुई जगहों पर मौजूद रहे।
अब जो बचा है वह यह है:
वाचा.
भावना नहीं.
अनुभव नहीं.
समझौता।
पूरे धर्मग्रंथ में, जब लोग परमेश्वर के साथ गहराई से चलते थे, तो वे वाचा पर मुहर लगाते थे।
जोशुआ ने यह घोषणा की।

डेविड ने इसकी रक्षा की।
डैनियल ने इसकी रखवाली की।
पॉल ने इसके तहत काम पूरा किया।
कोवेनेंट बातचीत को बंद करता है।

धर्मग्रंथ एंकर

पुराना नियम

“तब यहोशू ने उस दिन लोगों के साथ एक वाचा बाँधी…”
— यहोशू 24:25
फ़ैसला ज़रूरी हो जाता है।
भी:
“इसलिये जान रख कि यहोवा तेरा परमेश्वर है, वही सच्चा परमेश्वर है, जो वाचा पालता है…”
— व्यवस्थाविवरण 7:9
परमेश्वर वाचा का आदर करता है।

नया करार

“यह प्याला मेरे लहू में नया करार है…”
— लूका 22:20
त्याग से पक्की वफ़ादारी।
और:
“मैंने अच्छी लड़ाई लड़ी है, मैंने अपनी दौड़ पूरी कर ली है, मैंने विश्वास बनाए रखा है।”
— 2 तीमुथियुस 4:7
वाचा अंत तक बनी रही।

पाठ

एक करार उत्साह नहीं है।

यह बाइंडिंग इंटेंट है।

यह चार सवालों के जवाब देता है:

1. मैं किसका हूँ?
2. मैं क्या रिजेक्ट करूँ?
3. मैं किस बात के लिए कमिट करूं?
4. मैं किस बात पर कभी दोबारा बातचीत नहीं करूंगा?

बिना समझौते के अनुशासन खत्म हो जाता है।

बिना वाचा के धीरज कमज़ोर हो जाता है।

बिना वाचा के, पवित्रता समझौता करती है।

वाचा पहचान को ठीक करती है ।

यह परफॉर्मेंस के बारे में नहीं है।

यह पक्की वफ़ादारी के बारे में है।

आप या तो:

कभी-कभी कमिटेड

या वाचा से बंधा हुआ।

कोवेनेंट तूफानों से बच जाता है।

वाचा कथन

आप इसे अपने शब्दों में लिखेंगे।

लेकिन यहाँ फ्रेमवर्क है:

"मैं पूरी तरह से जीसस क्राइस्ट का हूँ।

मेरी वफ़ादारी सिर्फ़ एक है। मैं बँटी हुई वफ़ादारी छोड़ता हूँ। मैं छिपे हुए समझौते छोड़ता हूँ। मैं अपना काम स्वीकार करता हूँ। मैं अनुशासित भक्ति के लिए प्रतिबद्ध हूँ। मैं पवित्रता के लिए प्रतिबद्ध हूँ। मैं धीरज के लिए प्रतिबद्ध हूँ। मैं पुराने ढर्रे पर नहीं लौटूँगा। मैं भगवान के सामने इस वादे पर मुहर लगाता हूँ।"

यह लिखना।
इस पर हस्ताक्षर करें।
इस पर तारीख लिखें।
इसे रखें।

चिंतन प्रश्न

1. क्या मेरा विश्वास वादे से जुड़ा है या इमोशनल?
2. मैंने अपने कमिटमेंट में क्या अनडिफाइंड छोड़ दिया है?
3. कौन सा एरिया अभी भी दबाव में है?
4. क्या मैं समझता हूँ कि एग्रीमेंट में अकाउंटेबिलिटी होती है?
5. अगर सबके सामने टेस्ट किया जाए, तो क्या यह वादा कायम रहेगा?

शांत मन से जवाब दें।

स्ट्रक्चर्ड प्रार्थना (आज 60 मिनट)

1. आराधना (15 मिनट)

करार निभाने वाले परमेश्वर का आदर करें।

2. परीक्षा (15 मिनट)

जीवन के हर क्षेत्र में स्पष्टता के लिए पूछें।

3. घोषणा (15 मिनट)

अपना वादा धीरे-धीरे ज़ोर से पढ़ें।

4. सीलिंग (15 मिनट)

पवित्र आत्मा से अपने इरादे को मज़बूत करने के लिए कहें।
इसके साथ घनिष्ठ:
"मेरा करार कायम है।"

कार्रवाई के बिंदु

1. आज ही अपना एग्रीमेंट लिखें और साइन करें।

2. एक समझौता तुरंत हटा दें।
3. अपना वादा किसी भरोसेमंद विश्वासी के साथ शेयर करें।
4. इस एग्रीमेंट का हर महीने रिव्यू करें।
5. जोशुआ 24 और लूका 22 को धीरे-धीरे पढ़ें।

अब हम आखिरी मंज़िल पर हैं।
दिन 40 रिफ्लेक्शन नहीं होगा।
यह कमीशनिंग होगी।
यह इकट्ठा करेगा:

- आग
- संरक्षण
- कार्यभार
- अनुशासन
- धैर्य
- परम पूज्य
- नियम

और आपको आगे छोड़ दें।

दिन 40

आग के नीचे कमीशन

कहानी फ्रेम

एक पिता ने तलवार उठाई।
एक माँ ने उसी घर के अंदर प्रार्थना की।
एक भाई पर हमला हुआ और उसे बचा लिया गया।
एक बेटे ने स्वर्ग से आग को अपने गुरु पर गिरते देखा।
उसने नरक देखा।
उसने स्वर्ग देखा - सुन्दर नगर।
वह गोलियों से बच गया।
धातु उसके सिर पर लगी।
खून बहने लगा।
उसे मरा हुआ मान लिया गया।
उसे बचा लिया गया।
एस्कॉर्ट्स ने उसकी सुरक्षा की।
एक प्रेसिडेंट ने मेडिकल इवैक्युएशन का इंतज़ाम किया।
उसकी जांच की गयी - कोई नुकसान नहीं हुआ।
वह लगभग लौट आया था।
उनका सामना किया गया - "हम बहुत आगे निकल गए हैं।"
उन्हें नियुक्त किया गया - "आपके पास एक कार्यभार है।"
उन्होंने अनुशासन बनाया।
उन्होंने पाखंड को अस्वीकार कर दिया।
वह सहता रहा।

वह पवित्र बना रहा।
उसने करार पर मुहर लगा दी।
अब जो बचा है वह यह है:
आप।

धर्मग्रंथ एंकर

पुराना नियम

"मैं यहाँ हूँ; मुझे भेज।"
— यशायाह 6:8
मुठभेड़ के बाद भेजना होगा।

नया करार

"जैसे पिता ने मुझे भेजा है, वैसे ही मैं भी तुम्हें भेजता हूँ।"
— यूहन्ना 20:21
बचाव मिशन बन जाता है।

अंतिम पाठ

यह 40 दिन की यात्रा तारीफ़ के बारे में नहीं थी।
यह बदलाव के बारे में था।
कहानी सुनाने के बारे में नहीं।
लेकिन अलाइनमेंट के बारे में।
आग असली थी।
ज़ुल्म असली था।
लालच असली था।
बचाव असली था।

लेकिन बड़ी सच्चाई यह है:
भगवान एक समर्पित जीवन के लिए स्वर्ग और पृथ्वी को हिला देते हैं।
अगर आप इन 40 दिनों को जानबूझकर पूरा करते हैं:
आप समान नहीं हो।
अब आप समझ गए होंगे:

- वफ़ादारी गंभीर है।
- पवित्रता रक्षा करती है।
- अनुशासन बना रहता है।
- धीरज मायने रखता है।
- वाचा की मुहरें।
- असाइनमेंट के लिए एक्शन की ज़रूरत है।

आप इस सफ़र को पूरा करके कैज़ुअल नहीं रह सकते।
कमीशन ऑप्शनल नहीं है।
यह सरेंडर का स्वाभाविक नतीजा है।

आयोग का विवरण

खड़ा होना।
इसे धीरे से कहें:
“मुझे कड़ी मेहनत का काम सौंपा गया है।
मैं अनुशासन में रहूँगा। मैं पवित्रता से चलूँगा। मैं ईमानदारी से सब्र रखूँगा। मैं स्टैंडर्ड बढ़ाऊँगा। मैं स्ट्रेटेजी से असर डालूँगा। मैं वापस नहीं आऊँगा। मेरी वफ़ादारी पक्की है। मेरा काम एक्टिव है। मुझे भेजो।”
विराम।
फिर से कहना।

रिलीज़ से पहले चिंतन

1. इन 40 दिनों में मुझमें क्या बदलाव आया है?

2. कौन सा अनुशासन बिना किसी समझौते के बना रहना चाहिए?
3. मुझे तुरंत कौन सा काम करना चाहिए?
4. मुझे किस माहौल पर असर डालना चाहिए?
5. अगर ज़ुल्म वापस आए, तो क्या मैं खड़ा रहूँगा?

अपने जवाब लिखें।

अंतिम संरचित प्रार्थना (60 मिनट)

1. आराधना (15 मिनट)

मसीह को अपने जीवन का प्रभु मानकर उसका आदर करें।

2. आभार (10 मिनट)

बचाने के लिए उसे धन्यवाद दें।

3. समर्पण (15 मिनट)

अपना शरीर, समय, संसाधन अर्पित करें।

4. प्रार्थना (10 मिनट)

एक व्यक्ति के लिए प्रार्थना करें कि वह मसीह से मिल सके।

5. कमीशन (10 मिनट)

बोलकर अपना असाइनमेंट स्वीकार करें।

इसके साथ घनिष्ठ:

"मैं आगे बढ़ता हूँ।"

अंतिम कार्रवाई चरण

1. रोज़ाना 60 मिनट का स्ट्रक्चर बनाए रखें।
2. हर महीने अपने एग्रीमेंट का रिव्यू करें।
3. पवित्रता की रक्षा करो।
4. दूसरों का निर्माण करें।
5. जवाबदेह बने रहें।
6. बहाव से इनकार करें।

7. अच्छे से खत्म करो।

समापन शुल्क

आपको स्वर्ग से आग की ज़रूरत नहीं है।
आपको अपनी बात साबित करने के लिए गोलियों की ज़रूरत नहीं है।
असाइनमेंट को वैलिडेट करने के लिए आपको एस्कॉर्ट की ज़रूरत नहीं है।
आप की जरूरत है:
पक्की वफ़ादारी।
स्ट्रक्चर्ड डिसिप्लिन। लगातार पवित्रता। अटूट धीरज।
स्वर्ग एक पर खुश होता है।
वही बनो।
केवल आगे.

समापन पृष्ठ

पाठक के लिए एक अंतिम संदेश

आप आग से गुजरे हैं।
तुम्हें देखा गया है:
एक पिता का गुस्सा।
एक माँ की शांत दखलअंदाज़ी। एक भाई जो लगभग मारा गया। एक गुरु जो स्वर्ग की रुकावट से परेशान था। नरक का एक नज़ारा। स्वर्ग के सुनहरे शहर की एक झलक। गोलियाँ। खून। बचाव। एस्कॉर्ट्स। कमीशन। अनुशासन। पवित्रता। वाचा।
लेकिन यह किताब कभी भी एक आदमी के बारे में नहीं थी।
यह वफ़ादारी के बारे में था।
यह इस बारे में था कि जब सच्चाई परंपरा में दखल देती है तो क्या होता है।
यह इस बारे में था कि आग लगने पर क्या बचता है।
यह इस बारे में था कि पीछे हटने पर क्या बचता है।
अगर आप यहां तक आ गए हैं, तो अब आप दर्शक नहीं हैं।
अब आप जो जानते हैं, उसके लिए आप ज़िम्मेदार हैं।
स्वर्ग एक के लिए चलता है।
वही बनो।
साहस की तारीफ़ मत करो।
इसे बनाओ.
अनुशासन का अध्ययन न करें।
इसका अभ्यास करें।
पवित्रता का जश्न मत मनाओ।

इसे आगे बढ़ाओ।
वाचा पर चर्चा मत करो।
इसे सील कर दो।
आपको आराम से जीने के लिए नहीं बुलाया गया है।
आपको होश में जीने के लिए कहा गया है।
केवल आगे.

कार्यवाई के लिए बुलावा

फसल के लिए साझेदारी

जैसे ही आप इस किताब को खत्म करेंगे, हम आपको इस सफ़र को एक कदम और आगे ले जाने के लिए बुला रहे हैं—न सिर्फ़ अपनी ज़िंदगी में, बल्कि दुनिया भर में अनगिनत लोगों की ज़िंदगी में भी। अगर गॉड्स ईगल मिनिस्ट्रीज़ (GEM) के मैसेज ने आपके दिल को मज़बूत किया है, जगाया है, या फिर उसे ठीक किया है, तो हम आपसे विनम्रता से गुज़ारिश करते हैं कि **फसल के लिए हमारे साथ पार्टनरशिप करने के बारे में सोचें**। दुनिया सच्चाई, उम्मीद और पवित्र आत्मा की कोमल लेकिन साफ़ आवाज़ की भूखी है, और हम मिलकर इन मैसेज को वहाँ पहुँचा सकते हैं जहाँ इनकी सबसे ज़्यादा ज़रूरत है। हमारा मानना है कि मीडिया सिर्फ़ टेक्नोलॉजी से कहीं ज़्यादा है—यह एक **आध्यात्मिक जाल है** जो देशों, गांवों, शहरों और छिपी हुई जगहों तक फैला हुआ है। फ़िल्म, वीडियो, रेडियो और डिजिटल मिनिस्ट्री के ज़रिए, GEM उन लोगों तक पहुँच रहा है जो शायद कभी चर्च में न गए हों, लेकिन जिनके दिल जीवित मसीह से मिलने के लिए खुले हैं।

आपकी पार्टनरशिप से हमें मदद मिलती है:

1. स्पिरिट से भरी फिल्म और वीडियो कंटेंट बनाएं
ऐसी कहानियाँ और शिक्षाएँ जो यीशु के प्यार को साफ़, समझने लायक और ज़िंदगी बदलने वाले तरीकों से ठीक करती हैं, प्रेरित करती हैं और दिखाती हैं।

2. रेडियो पर सुसमाचार का प्रसारण करें

परमेश्वर के वचन को जेलों, अस्पतालों, ग्रामीण इलाकों और इंटरनेट की पहुंच से बहुत दूर जगहों तक पहुंचाना—जहां उम्मीद कम है और सच्चाई कीमती है।

3. हमारे सोशल मीडिया टीचिंग और डिसिप्लिनशिप कैंपेन को बढ़ाएं

रोज़ाना भक्ति, प्रार्थना और शिक्षाएँ जो विश्वासियों को मज़बूत करती हैं, परिवारों को ठीक करती हैं, और दुनिया भर में शिष्यों को तैयार करती हैं।

आपका सपोर्ट क्यों ज़रूरी है

हर संदेश रोशनी का बीज बन जाता है।
हर शिक्षा बदलाव की लहर बन जाती है। उदारता का हर काम भगवान की दुनिया भर में होने वाली फसल का हिस्सा बन जाता है।
आपका दान इस सेवा को उन आत्माओं तक पहुँचने में मदद करता है जिनसे हम शायद धरती पर कभी न मिलें, लेकिन हमेशा ज़रूर मिलेंगे।
कोई तय रकम नहीं है—सिर्फ़ वैसे ही दें जैसा प्रभु आपको बताते हैं।
हर दान, चाहे बड़ा हो या छोटा, किंगडम को आगे बढ़ाने में एक भूमिका निभाता है।

साझेदारी करना या देना:
पेपैल:
https://www.paypal.com/ncp/payment/D6NEFW56KG8LU
Tithe.ly:
https://tithe.ly/give?c=308311

फ़्लटरवेव –
https://flutterwave.com/donate/bbkpkokehxlw

देने के सभी तरीके:
https://www.otakada.org/partnership-giving
हमारे साथ खड़े रहने के लिए धन्यवाद।
फसल बोने के लिए धन्यवाद। मसीह का संदेश देशों तक पहुँचाने में हमारी मदद करने के लिए धन्यवाद।
प्रभु आपको भरपूर आशीर्वाद दें, आपको भरपूर बढ़ाएं, और उनकी महिमा के लिए आपके बोए गए हर बीज को कई गुना बढ़ाएं।
यीशु के शक्तिशाली नाम में, आमीन।

—एम्बेसडर मंडे ओ. ओगबे , ज़ाकारियास गॉडसीगल ; कम्फर्ट लाडी ओगबे
संस्थापक, गॉड्स ईगल मिनिस्ट्रीज़ (GEM)
www.otakada.org

दोबारा जन्म कैसे लें और मसीह के साथ नया जीवन कैसे शुरू करें

हो सकता है कि आप पहले भी जीसस के साथ चले हों, या हो सकता है कि आप इन 40 दिनों में उनसे मिले हों। लेकिन अभी, आपके अंदर कुछ हलचल हो रही है।

आप धर्म से ज़्यादा के लिए तैयार हैं।

आप **रिश्ते के लिए तैयार हैं** ।

आप यह कहने के लिए तैयार हैं, "यीशु, मुझे आपकी ज़रूरत है।"

सच तो यह है:

"क्योंकि सबने पाप किया है; हम सब परमेश्वर के महिमामय मानक से कम हैं... फिर भी परमेश्वर, अपनी कृपा से, हमें अपनी दृष्टि में स्वतंत्र रूप से धर्मी ठहराता है।"

— रोमियों 3:23–24 (NLT)

आप मुक्ति नहीं पा सकते।

आप खुद को ठीक नहीं कर सकते। लेकिन यीशु ने पहले ही पूरी कीमत चुका दी है — और वह आपका घर में स्वागत करने का इंतज़ार कर रहे हैं।

दोबारा जन्म कैसे लें

दोबारा जन्म लेने का मतलब है अपना जीवन यीशु को सौंप देना — उनकी माफ़ी को स्वीकार करना, यह मानना कि वह मरे और फिर जी उठे, और उन्हें अपना प्रभु और उद्धारकर्ता मानना।

यह आसान है। यह शक्तिशाली है। यह सब कुछ बदल देता है।

ज़ोर से प्रार्थना करें:

"प्रभु यीशु, मेरा मानना है कि आप परमेश्वर के पुत्र हैं।

मेरा मानना है कि आप मेरे पापों के लिए मरे और फिर से जी उठे।

मैं मानता हूँ कि मैंने पाप किया है और मुझे आपकी माफ़ी चाहिए। आज, मैं पश्चाताप करता हूँ और अपने पुराने तरीकों से मुड़ता हूँ। मैं आपको अपने जीवन में अपने प्रभु और उद्धारकर्ता बनने के लिए आमंत्रित करता हूँ। मुझे साफ़ करें। मुझे अपनी आत्मा से भरें। मैं घोषणा करता हूँ कि मैं फिर से जन्मा हूँ, माफ़ किया गया हूँ, और आज़ाद हूँ। आज से, मैं आपका अनुसरण करूँगा — और मैं आपके कदमों पर जीऊँगा। मुझे बचाने के लिए धन्यवाद। यीशु के नाम में, आमीन।"

मोक्ष के बाद अगले कदम

1. **किसी को बताएं** – अपना फ़ैसला किसी ऐसे विश्वासी के साथ शेयर करें जिस पर आपको भरोसा हो।
2. **बाइबल पर आधारित चर्च खोजें** – ऐसे समुदाय से जुड़ें जो परमेश्वर के वचन को सिखाता है और उसे जीता है।

   https://www.otakada.org या https://chat.whatsapp.com/H67spSun32DDTma8TLh0ov के ज़रिए ऑनलाइन God's Eagle मिनिस्ट्रीज़ पर जाएँ।
3. **बपतिस्मा लें** – अपने विश्वास को सबके सामने बताने के लिए अगला कदम उठाएँ।
4. **रोज़ाना बाइबल पढ़ें** – जॉन के गॉस्पेल से शुरू करें।
5. **हर दिन प्रार्थना करें** – परमेश्वर से एक दोस्त और पिता के रूप में बात करें।
6. **जुड़े रहें** – अपने आस-पास ऐसे लोगों को रखें जो आपके नए काम को बढ़ावा दें।
7. **समुदाय में शिष्य बनाने की प्रक्रिया शुरू करें** – इन लिंक के ज़रिए यीशु मसीह के साथ एक-एक करके रिश्ता बनाएँ

40-दिन का शिष्यत्व 1 - https://www.otakada.org/get-free-40-days-online-discipleship-course-in-a-journey-with-jesus/

40 शिष्यत्व 2 - https://www.otakada.org/get-free-40-days-dna-of-discipleship-journey-with-jesus-series-2/

मेरा उद्धार का क्षण

तारीख : ____________________________

हस्ताक्षर : ________________________

"अगर कोई मसीह में है, तो वह एक नई सृष्टि है; पुराना बीत गया है, नया आ गया है!"

— 2 कुरिन्थियों 5:17

मसीह में नए जीवन का प्रमाण पत्र

मुक्ति की घोषणा – अनुग्रह से नया जन्म

यह प्रमाणित करता है कि

____

(पूरा नाम)

उसने सबके सामने **यीशु मसीह में**

प्रभु और उद्धारकर्ता के रूप में विश्वास जताया है और उसकी मृत्यु और पुनरुत्थान के ज़रिए मुक्ति का मुफ़्त तोहफ़ा पाया है।

"अगर तुम खुले तौर पर यह ऐलान करो कि यीशु प्रभु है और अपने दिल में यकीन करो कि परमेश्वर ने उसे मरे हुओं में से ज़िंदा किया है, तो तुम बच जाओगे।"

— रोमियों 10:9 (NLT)

इस दिन स्वर्ग खुश होता है और एक नई यात्रा शुरू होती है।

निर्णय की तिथि : __________________________

हस्ताक्षर : ________________________________

मुक्ति घोषणा

"आज, मैं अपना जीवन जीसस क्राइस्ट को सौंपता हूँ।

मेरा मानना है कि वह मेरे पापों के लिए मरे और फिर से जी उठे। मैं उन्हें अपने प्रभु और उद्धारकर्ता के रूप में स्वीकार करता हूँ। मुझे माफ़ कर दिया गया है, मेरा फिर से जन्म हुआ है, और मैं नया बन गया हूँ। इस पल से, मैं उनके नक्शेकदम पर चलूँगा।"

वेलकम टू द फैमिली ऑफ गॉड!

आपका नाम मेमने की जीवन की किताब में लिखा है।

आपकी कहानी अभी शुरू हुई है — और यह हमेशा रहने वाली है।

गॉड्स ईगल मिनिस्ट्रीज़ से जुड़ें

- वेबसाइट: www.otakada.org
- वेल्थ बियॉन्ड वरी सीरीज़: www.wealthbeyondworryseries.com
- ईमेल: ambassador@otakada.org

- **इस काम में मदद करें:**

कवनेंट के तहत दान देकर किंगडम प्रोजेक्ट्स, मिशन और फ्री ग्लोबल रिसोर्स को सपोर्ट करें।

देने के लिए QR कोड स्कैन करें

https://tithe.ly/give?c=308311

आपकी दरियादिली से हमें ज़्यादा लोगों तक पहुँचने, रिसोर्स ट्रांसलेट करने, मिशनरियों को सपोर्ट करने और दुनिया भर में डिसाइपलशिप सिस्टम बनाने में मदद मिलती है। धन्यवाद!

लेखक का बायो

लेखक के बारे में - पैगंबर डॉ. ईसा अल- बूबा सादिक

पैगंबर डॉ. ईसा अल- बुबा सादिक इवेंजेलिकल बाइबिल आउटरीच मिनिस्ट्रीज़ इंटरनेशनल (EBOMI) के फाउंडर और लीडर हैं, जिसका हेडक्वार्टर जोस, प्लेटो स्टेट, नाइजीरिया में है।

एक समय मिलिटेंट इस्लामिक ट्रेनिंग लेने के बाद, भगवान से मिलने के बाद उनकी ज़िंदगी पूरी तरह बदल गई, जिससे उनकी वफ़ादारी और मिशन बदल गया।

आज, EBOMI (www.ebomi.org) के ज़रिए, वह विश्वासियों को अपनी पीढ़ी में पहरेदारों के तौर पर अनुशासित भक्ति, पवित्रता और भविष्यवाणी की ज़िम्मेदारी के साथ चलने के लिए तैयार करता है।

मिनिस्ट्री का असर चर्च की दीवारों से आगे तक फैला हुआ है। आउटरीच की कोशिशों, एजुकेशनल प्रोग्राम, खेती को मज़बूत बनाने, और गरीबों और ज़रूरतमंदों की देखभाल के ज़रिए – जिनमें से कई मुस्लिम हैं – यह काम बिना किसी दुश्मनी के पक्के यकीन से जुड़ी सेवा को दिखाता है।

ज़ुल्म, हत्या की कोशिशों और धमकियों के बावजूद, वह आध्यात्मिक स्टैंडर्ड को ऊपर उठाते रहते हैं और बंटे हुए समुदायों के बीच पुल बनाते हैं — जिसमें उनका अपना बड़ा परिवार भी शामिल है।

वह पुरानी जगहों को ठीक करने, पहरेदारों को मज़बूत करने, और इस समझौता किए हुए ज़माने में मानने वालों को अनुशासित ईसाई धर्म अपनाने के लिए बुला रहे हैं।

जो लोग जुड़ना चाहते हैं उनके लिए

इवेंजेलिकल बाइबिल आउटरीच मिनिस्ट्रीज़ इंटरनेशनल (EBOMI)
हेडक्वार्टर: नंबर 1 काशिम इब्राहिम स्ट्रीट, जोस, प्लेटो स्टेट, नाइजीरिया
ईमेल: ebomiglobal@gmail.com फ़ोन: 08082538837
जानकारी और हिस्सा लेने के तरीके मिनिस्ट्री की ऑफिशियल वेबसाइट पर पब्लिक में उपलब्ध हैं।
कमीशन पब्लिकली खुद को इस तरह पेश करता है:
"एक रेडिकल, भविष्य बताने वाली और अधिकार वाली मिनिस्ट्री जो गॉस्पेल फैलाने और ज़िंदगी बदलने के लिए कमिटेड है।"

ज़ाकारियास गॉडसीगल

लेखक • शिक्षक • दूरदर्शी नेता

ज़ाकारियास गॉडसीगल वचन के एक जोशीले टीचर और मसीह के शरीर के लिए एक समझदार आवाज़ हैं। आध्यात्मिक समझ के लिए एक अनोखी कृपा लेकर, ज़ाकारियास साफ़-साफ़, भविष्यवाणी की गहराई और विश्वासियों को पवित्रता, ईश्वरीय भक्ति और मसीह के प्रति सच्चे समर्पण के साथ चलते हुए देखने की दिल से जलने वाली इच्छा के साथ सेवा करते हैं।

गॉड्स ईगल मिनिस्ट्रीज़ (GEM) के काम में एक साथी के तौर पर, वह डिसाइपलशिप कंटेंट, धर्मग्रंथों की रोशनी, और मीडिया-बेस्ड आउटरीच को आकार देने में अहम भूमिका निभाते हैं, जो डिजिटल और फिजिकल सीमाओं के पार लोगों के जीवन को छूता है। उनकी रचनाएँ अंदरूनी बदलाव, आज्ञाकारिता, और विश्वासी के दिल के सिंहासन पर मसीह की वापसी पर फोकस करती हैं।

ज़ाकारियास एक सीधी सी सोच से चलते हैं: **जब दिल एक साथ होता है, तो किस्मत भी एक साथ होती है।**
वह टीचिंग, मेंटरशिप और स्पिरिट से भरे क्रिएटिव प्रोजेक्ट्स के ज़रिए दुनिया भर के दर्शकों तक पहुँचते रहते हैं।

राजदूत मंडे ओ. ओगबे

लेखक • मिशनरी कम्युनिकेटर • संस्थापक, गॉड्स ईगल मिनिस्ट्रीज़ (GEM)
राजदूत सोमवार ओरियोजो ओग्वुओजो ओगबे **गॉड्स ईगल मिनिस्ट्रीज़ (GEM)** के फाउंडर हैं — यह एक ग्लोबल मिशन है जिसका मकसद है "लोगों को उनके वचन के ज़रिए भगवान से जोड़ना।" सच्चाई, इमोशनल कहानी कहने और भविष्यवाणी सिखाने के अपने गहरे जुनून के लिए जाने जाने वाले, वे लिखने, पॉडकास्टिंग, फिल्म बनाने, डिजिटल प्रचार और शिष्य बनाने के ज़रिए अलग-अलग देशों में सेवा करते हैं।
लीडरशिप, मीडिया और मिशन में बैकग्राउंड के साथ, एम्बेसडर मंडे के पास एक क्रॉस-कल्चरल अभिषेक है जो अफ्रीका से लेकर एशिया, अमेरिका, यूरोप और मिडिल ईस्ट तक गूंजता है। उनकी शिक्षाएँ विश्वास करने वालों के दिल की छिपी लड़ाइयों का सामना करती हैं—लालच, पहचान की लड़ाई, आध्यात्मिक संतुष्टि, और भगवान के साथ करीबी का धीरे-धीरे खत्म होना।
वह कई भक्ति गीतों, बुक सीरीज़ और मल्टीमीडिया टीचिंग के लेखक हैं, जो otakada.org और GEM के डिजिटल प्लेटफॉर्म के ज़रिए लाखों लोगों तक पहुँचते हैं।
उनका जीवन संदेश आसान लेकिन गहरा है:

"जब क्राइस्ट सेंटर में बैठते हैं, तो बाकी सब कुछ अपनी सही जगह ले लेता है।"

कम्फर्ट लाडी ओगबे

लेखक • मध्यस्थ • सेवकाई में सह-श्रमिक

कम्फर्ट लाडी ओगबे गॉड्स ईगल मिनिस्ट्रीज़ के किंगडम असाइनमेंट में एक राइटर, इंटरसेसर और साथ काम करने वाली हैं। दया, समझदारी और दूसरों का ख्याल रखने वाली भावना से भरपूर, वह जिस भी प्रोजेक्ट को छूती हैं, उसमें इमोशनल गहराई और स्पिरिचुअल ग्राउंडिंग लाती हैं।

उनके योगदान में—अक्सर पर्दे के पीछे—विनम्रता, समझदारी और ठीक होने की खुशबू होती है। वे काउंसलिंग, प्रार्थना, शिष्य बनाने और क्रिएटिव सहयोग से आराम देती हैं, खासकर उन कामों में जो परिवार को फिर से बसाने, आध्यात्मिक रूप से समझदार होने और दिल बदलने पर ज़ोर देते हैं।

एक लेखक के तौर पर, वह अपने अनुभव और आध्यात्मिक विश्वास के आधार पर लिखती हैं, और पढ़ने वालों को मसीह में पूरी तरह से जीने के लिए साफ़ समझ, आराम और हिम्मत देती हैं।

कम्फर्ट विश्वासियों को न केवल ज्ञान में, बल्कि दैनिक जीवन में भी परमेश्वर का अनुभव करने में मदद करने के लिए प्रतिबद्ध है - जहाँ हृदय विश्वास करना, समर्पण करना और फलना-फूलना सीखता है।

लेखक पेज:
https://www.amazon.com/stores/Zacharias-Godseagle/author/B0FCZ89D4K

परिशिष्ट

परिशिष्ट ए

60 मिनट का रणनीतिक प्रार्थना मॉडल

इस मॉडल का अभ्यास रोज़ाना करना चाहिए, कभी-कभी नहीं।

30 मिनट — आराधना

सिर्फ़ इस पर ध्यान दें कि परमेश्वर कौन है:

- उनकी पवित्रता
- उसकी संप्रभुता
- उसकी दया
- उसका न्याय
- उसका अधिकार
- उसकी वफ़ादारी

कोई रिक्वेस्ट नहीं.
कोई पिटीशन नहीं. सिर्फ़ श्रद्धा.

10 मिनट — उसकी संप्रभुता की घोषणा करें

बोलकर घोषणा करें:

- भगवान मेरे जीवन पर राज करते हैं।
- भगवान मेरे परिवार पर राज करते हैं।
- भगवान मेरे बुलावे पर राज करते हैं।

- भगवान मेरे माहौल पर राज करते हैं।
- भगवान मेरे देश पर राज करते हैं।

घोषणा से अधिकार मजबूत होता है।

10 मिनट — पश्चाताप

परीक्षण करना:

- नज़रिया
- भाषण
- इरादों
- छिपा हुआ समझौता
- आध्यात्मिक आलस्य

खास तौर पर कबूल करें।

10 मिनट — राज्य-संरेखित आदेश

पवित्रशास्त्र के आधार पर तालमेल की घोषणा करें:

- मैं पवित्रता से चलता हूँ।
- मैं अनुशासन में रहता हूँ।
- मैं ईमानदारी से सहता हूँ।
- मैं असाइनमेंट पूरा करता हूँ।
- मैं पीछे हटने से मना करता हूँ।

स्वार्थी महत्वाकांक्षा का आदेश न दें।

धर्मग्रंथ के अनुसार चलें।

परिशिष्ट बी

7-दिन की डिसिप्लिन रीसेट गाइड

लगातार सात दिनों तक:

1. रोज़ाना एक घंटे बिना रुके प्रार्थना करें।
2. एक गॉस्पेल को पूरा पढ़ें।
3. हर रात इंटीग्रिटी ऑडिट।
4. कोई गॉसिप, शिकायत, बढ़ा-चढ़ाकर बात नहीं।
5. कम से कम एक जानबूझकर उपवास।
6. डिजिटल शोर कम हुआ।
7. रोज़ाना अकाउंटेबिलिटी चेक-इन।

सात दिन में सेंसिटिविटी को फिर से बनाएं।

परिशिष्ट सी

व्यक्तिगत निष्ठा अनुबंध टेम्पलेट

इसे अपनी हैंडराइटिंग में लिखें।

निष्ठा की व्यक्तिगत वाचा

मैं, ______________________________,
यीशु मसीह के प्रति अपनी पूरी और खास वफ़ादारी की घोषणा करता हूँ।
मैं बँटी हुई वफ़ादारी को छोड़ता हूँ।
मैं छिपे हुए समझौते को नहीं मानता। मैं निजी और सार्वजनिक जीवन में पवित्रता के लिए प्रतिबद्ध हूँ। मैं अनुशासित प्रार्थना के लिए प्रतिबद्ध हूँ। मैं हमेशा वफ़ादारी के लिए प्रतिबद्ध हूँ। मैं अपना ईश्वरीय काम स्वीकार करता हूँ। मैं पीछे हटने से इनकार करता हूँ।
मैं परमेश्वर के सामने इस वाचा पर मुहर लगाता हूँ।
हस्ताक्षर: __________________________
दिनांक: ___________________________

अंतिम पादरी आशीर्वाद

आपकी वफ़ादारी पक्की हो।

आपका अनुशासन एक जैसा हो। आपकी पवित्रता आपके भविष्य की रक्षा करे। आपकी सहनशक्ति तेज़ी से ज़्यादा टिके। आपका काम पूरा हो। कोई गोली, कोई धोखा, कोई निराशा, कोई पाखंड, और बदले की कोई आहट आपको पीछे न खींचे।

आप अपनी दौड़ पूरी करें।

स्वर्ग आप पर प्रसन्न हो।

केवल आगे.

अनुशंसित पुस्तकें और संसाधन

सी.एस. लुईस (1898-1963) **- सिर्फ़ ईसाई धर्म, पूरी तरह से जिया गया: एक झिझकते मन से एक बदली हुई ज़िंदगी तक (लिविंग एपिस्टल्स** - 40 **दिन की भक्ति सीरीज़ | बुक बुक** 2)

ई-पुस्तक

https://www.amazon.com/Lewis-1898-1963-Mere-Christianity-Fully-ebook/dp/B0GKQ27F9N

किताबचा
https://www.amazon.com/Lewis-1898-1963-Mere-Christianity-Fully/dp/B0GM8YMXC3

हार्डकवर

https://www.amazon.com/Lewis-1898-1963-Mere-Christianity-Fully/dp/B0GM8WHXJL

सेंट ऑगस्टीन ऑफ हिप्पो (354–430 ईस्वी)
बेचैन दिल से लिखी हुई ज़िंदगी तक - लिविंग एपिस्टल्स – 40 दिन की भक्ति सीरीज़ - 1

Amazon Ebook लिंक - https://www.amazon.com/ST-AUGUSTINE-HIPPO-354-430-Devotional-ebook/dp/B0GJN8N9XS

Amazon पेपरबैक ऑर्डर लिंक - https://www.amazon.com/St-Augustine-Hippo-354-430-Devotional/dp/B0GJWTVLR6

इनग्रामस्पार्क पेपरबैक लिंक -
https://shop.ingramspark.com/b/084?params=BZOO
W3dj93aGEtBL2Fv1VY8wV1OQvA10dtZRDgk7Z9Z

मुझे स्कैन करें

नवीकरण 7
7 दिनों में अपने घर के दिल को ठीक करें
द रिन्यूअल सीरीज़ – फ़ैमिली यूनिटी एडिशन

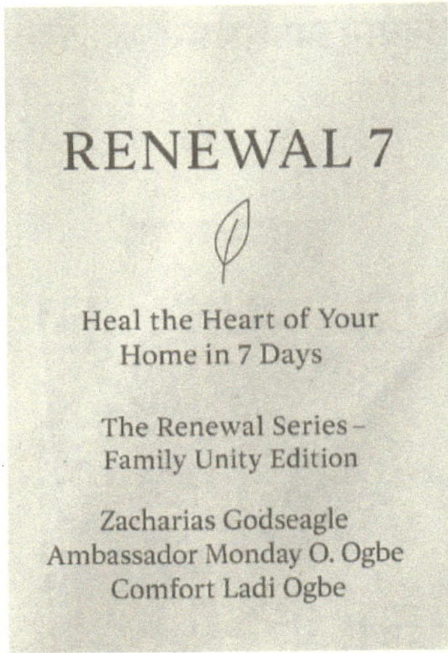

बुक पेपरबैक का लिंक -

https://shop.ingramspark.com/b/084?params=htyfL002e1JzyEpZWkKtaXWF5FJ1jZFOjgiQKEfcbnw

Amazon पेज पेपरबैक का लिंक -

https://www.amazon.com/RENEWAL-Heal-Heart-Your-Renewal/dp/B0GD92153W

Ebook का लिंक –

https://www.amazon.com/RENEWAL-Heal-Heart-Your-Renewal-ebook/dp/B0G91BMFND

मुझे स्कैन करें –

रिन्यूअल 7: 7 दिनों में अपने घर के दिल को ठीक करें

रिन्यूअल सीरीज़— फ़ैमिली यूनिटी एडिशन

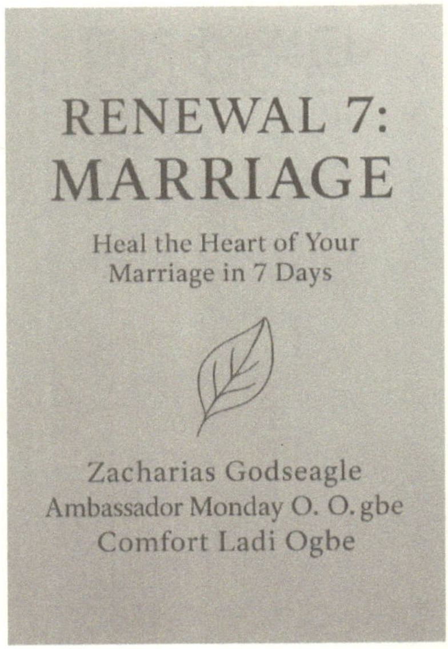

पेपरबैक का लिंक -
https://shop.ingramspark.com/b/084?params=nSEElv9oUsItOu5akVZlg4ycGbbmvlBOtSiqeOZr5yQ

Amazon पेपरबैक का लिंक -
https://www.amazon.com/RENEWAL-MARRIAGE-Heart-Marriage-Renewal/dp/B0GDC1YZJ7

Ebook का लिंक -
https://www.amazon.com/RENEWAL-MARRIAGE-Heart-Marriage-Renewal-ebook/dp/B0G6JXJWJL

हृदय का सिंहासन – 12 लड़ाइयाँ जो हमें जीतनी ही होंगी

Amazon ebook -
https://www.amazon.com/THRONE-HEART-COVETOUSNESS-Counterfeit-CONTENTMENT-ebook/dp/B0G4SPFRY7

Amazon पेपरबैक -
https://www.amazon.com/THRONE-HEART-COVETOUSNESS-Counterfeit-CONTENTMENT/dp/B0G4TKW1ND

Ingramspark से पेपरबैक -
https://shop.ingramspark.com/b/084?params=a75LJXtvvI63VnzeQPleQTkAJWfu8CPQV615Oe31D80

ज़ाकारियास गॉडसीगल के 4 इन 1 उपदेश ऑडियो लिंक के साथ –

Amazon Ebook लिंक - https://www.amazon.com/Sermons-Zacharias-Godseagle-Audio-links-ebook/dp/B0G4XCH4TW

Amazon पेपरबैक - https://www.amazon.com/Sermons-Zacharias-Godseagle-Audio-links/dp/B0G4TK4XGT

पेपरबैक इनग्राम स्पार्क लिंक - https://shop.ingramspark.com/b/084?params=nK2JERskkbhdAOSNseTUNRhaCFqUPZuhB4uYfqrXvGb

पिलग्रिम कोड: एआई अवेकनिंग

ईबुक - https://www.amazon.com/Logos-Protocol-Awakening-artificial-intelligence-ebook/dp/B0FXNQFSWZ

पेपरबैक - https://www.amazon.com/Logos-Protocol-Awakening-artificial-intelligence/dp/B0FXNGR66D

हार्डबैक - https://www.amazon.com/Logos-Protocol-Awakening-artificial-intelligence/dp/B0FZNTQR6Y

पेपरबैक इनग्रामस्पार्क - https://shop.ingramspark.com/b/084?params=QkK4aNYTYO9U5z9uOkdHgc7Ue1eGDLqbb1tz9WRPaSk

मुक्ति क्यों विफल होती है - और परमेश्वर की अग्नि आत्मा को कैसे पुनर्स्थापित करती है: सर्वांगीण मुक्ति के लिए 40 दैनिक घोषणाएँ

ईबुक - https://www.amazon.com/Why-Deliverance-Fails-Declarations-All-Round-ebook/dp/B0FW74L4G4

पेपरबैक - https://www.amazon.com/Why-Deliverance-Fails-Declarations-All-Round/dp/B0FWB3LXRM

बचाया गया लेकिन खो गया – शिष्यहीन धर्मांतरित – 25 भाषाओं में अनुवादित

किताबचा
https://shop.ingramspark.com/b/084?params=iYNB6S3PLMfREpm0jMM15bMe3BvWlkjcYyLYnHVGAds

ईबुक - https://www.amazon.com/SAVED-BUT-LOST-UNDISCIPLED-heartbreak-ebook/dp/B0FVJ29DF7

आध्यात्मिक युद्ध और रिकवरी के 7 दिन - यह पार्ट 1 है

दुश्मन को बांधना, तीरों को सात गुना करके वापस करना, और अपनी किस्मत को फिर से बनाना

https://shop.ingramspark.com/b/084?params=8mPzqU173Ex7uPyeO7ydyt8EGkkB6u2gX1jZvWU8j1C

ई-बुक लिंक - https://www.amazon.com/DAYS-SPIRITUAL-WARFARE-RECOVERY-Returning-ebook/dp/B0FMPJM5KZ

7 दिन का आध्यात्मिक युद्ध और रिकवरी - पार्ट 2 - जीत पक्की करना, घर की बुराई तोड़ना, और अपनी वापस मिली किस्मत को बचाना

पेपरबैक -
https://shop.ingramspark.com/b/084?params=LkpNmGSsApHhWhiSO7bW3wFmcXQKIO4ZEBeSbP5rL1S

ईबुक - https://www.amazon.com/DAYS-SPIRITUAL-WARFARE-RECOVERY-Wickedness-ebook/dp/B0FR9YCMY8

अंधेरे से राज तक: अंधेरे की छिपी पकड़ से आज़ाद होने के लिए 40 दिन

–

जागरूकता, मुक्ति और शक्ति की एक ग्लोबल भक्ति - आज़ाद होने के लिए तैयार लोगों, परिवारों और देशों के लिए

किताबचा

https://shop.ingramspark.com/b/084?params=aVgp21QfwJxNANkfMxIQ0yejuFCVY12KFr978SRkZUD

अमेज़न लिंक - https://www.amazon.com/DARKNESS-DOMINION-Devotional-Awareness-Deliverance-ebook/dp/B0FLDH2Y67

- ***डिलिवर्ड फ्रॉम द पावर ऑफ़ डार्कनेस*** **(पेपरबैक)** — यहाँ से खरीदें | Amazon पर ईबुक

    - **यूनाइटेड स्टेट्स से टॉप रिव्यू:**
        - **किंडल कस्टमर** : "अब तक की सबसे अच्छी क्रिश्चियन किताब!" (5 स्टार)

हर किसी को यह किताब पढ़ने की सलाह दूँगा ... क्योंकि पाप की मज़दूरी मौत है, लेकिन परमेश्वर का तोहफ़ा हमेशा की ज़िंदगी है। शालोम! शालोम!

- **डा गस्टर** : "यह एक बहुत ही दिलचस्प और अजीब किताब है।" (5 स्टार)

अगर किताब में कही गई बातें सच हैं, तो हम सच में दुश्मन की काबिलियत से बहुत पीछे हैं! ... जो कोई भी स्पिरिचुअल लड़ाई के बारे में सीखना चाहता है, उसके लिए यह ज़रूरी है।

- **वीज़ा** : "मुझे यह किताब बहुत पसंद आई" (5 स्टार)

यह आंखें खोलने वाला है... एक सच्चा कबूलनामा... हाल ही में मैं इसे खरीदने के लिए हर जगह ढूंढ रहा था। Amazon से इसे पाकर बहुत खुश हूं।

- **FrankJM** : "काफी अलग" (4 स्टार)

यह किताब मुझे याद दिलाती है कि असली आध्यात्मिक लड़ाई कितनी होती है। यह "परमेश्वर के पूरे कवच" को पहनने की वजह भी याद दिलाती है।

- **जेनजेन** : "जो कोई भी स्वर्ग जाना चाहता है - इसे पढ़ें!" (5 स्टार)

इस किताब ने मेरी ज़िंदगी बहुत बदल दी। जॉन रामिरेज़ की गवाही के साथ, यह आपको अपने विश्वास को अलग नज़रिए से देखने पर मजबूर कर देगी। मैंने इसे 6 बार पढ़ा है!

- *एक्स-सैटनिस्ट: द जेम्स एक्सचेंज* (पेपरबैक) — यहाँ से खरीदें | Amazon पर ईबुक

- ***एक अफ़्रीकी भूतपूर्व शैतानवादी की गवाही*** - *पादरी जोनास लुकुंटू मपाला* (पेपरबैक) — यहाँ से खरीदें | Amazon पर ईबुक

- *ग्रेटर एक्सप्लॉइट्स 14* (पेपरबैक) — यहाँ से खरीदें | Amazon पर ईबुक

- जॉन रामिरेज़ की *किताब आउट ऑफ़ द डेविल्स कॉल्ड्रॉन* — Amazon पर उपलब्ध है
- रेबेका ब्राउन की किताब ' *ही केम टू सेट द कैप्टिव्स फ्री*' — Amazon पर खोजें

लेखक की पब्लिश की हुई दूसरी किताबें – 1000 से ज़्यादा टाइटल

प्यार किया, चुना और पूरा : रिजेक्शन से ठीक होने तक का 30 दिन का सफ़र, दुनिया की 40 भाषाओं में ट्रांसलेट किया गया
https://www.amazon.com/Loved-Chosen-Whole-Rejection-Restoration-ebook/dp/B0F9VSD8WL

https://shop.ingramspark.com/b/084?params=xga0WR16muFUwCoeMUBHQ6HwYjddLGpugQHb3DVa5hE

उनके कदमों में — 40-दिन का WWJD चैलेंज:
दुनिया भर में असल ज़िंदगी की कहानियों में यीशु की तरह जीना
https://www.amazon.com/His-Steps-Challenge-Real-Life-Stories-ebook/dp/B0FCYTL5MG

https://shop.ingramspark.com/b/084?params=DuNTWS59IbkvSKtGFbCbEFdv3Zg0FaITUEvlK49yLzB

यीशु द्वार पर:
40 दिल दहला देने वाली कहानियाँ और आज के चर्चों के लिए स्वर्ग की आखिरी चेतावनी

https://www.amazon.com/dp/B0FDX31L9F

https://shop.ingramspark.com/b/084?params=TpdA5j8WP
vw83glJ12N1B3nf8LQte2a1lIEy32bHcGg

वाचा का जीवन: व्यवस्थाविवरण 28 के आशीर्वाद में 40 दिन चलना

- https://www.amazon.com/dp/B0FFJCLDB5

वास्तविक लोगों की कहानियाँ, वास्तविक आज्ञाकारिता और वास्तविक

https://shop.ingramspark.com/b/084?params=bH3pzfz1zdCOLpbs7tZYJNYgGcYfU32VMz3J3a4e2Qt

20 से ज़्यादा भाषाओं में बदलाव

उसे जानना और उसे जानना:
ठीक होने, समझने और हमेशा रहने वाले प्यार के लिए 40 दिन

https://www.amazon.com/KNOWING-HER-HIM-Healing-Understanding-ebook/dp/B0FGC4V3D9

https://shop.ingramspark.com/b/084?params=vC6KCLoI7Nnum24BVmBtSme9i6k59p3oynaZOY4B9Rd

पूरा करें, मुकाबला नहीं:
उद्देश्य, एकता और सहयोग की 40-दिवसीय यात्रा

https://shop.ingramspark.com/b/084?params=5E4v1tHgeTqOOuEtfTYUzZDzLyXLee30cqYo0Ov9941

https://www.amazon.com/COMPLETE-NOT-COMPETE-Journey-Collaboration-ebook/dp/B0FGGL1XSQ/

डिवाइन हेल्थ कोड - भगवान के वचन और क्रिएशन के ज़रिए हीलिंग को एक्टिवेट करने के लिए 40 डेली कीज़ पौधों, प्रार्थना और भविष्यवाणी की हीलिंग पावर को अनलॉक करें

https://shop.ingramspark.com/b/084?params=xkZMrYcEHnrJDhe1wuHHYixZDViiArCeJ6PbNMTbTux

https://www.amazon.com/dp/B0FHJT42TK

https://www.amazon.com/stores/Ambassador-Monday-O.-Ogbe/author/B07MSBPFNX पर मिल सकती हैं

www.ingramcontent.com/pod-product-compliance
Lightning Source LLC
LaVergne TN
LVHW040414051026
849517LV00002B/310
* 9 7 9 8 2 9 5 6 5 1 6 5 6 *